KLASSIKER

DR.OETKER
—VERLAG—

SEIT 1891

ZAUBER KUCHEN

1 TEIG – 3 SCHICHTEN

MODERNES
BACKEN

DIE DR. OETKER GELING-GARANTIE

UNSER VERSPRECHEN

Liebe Leserin, lieber Leser,

mit den Rezepten in unseren Koch- und Back-büchern möchten wir Sie und Ihre Lieben glücklich machen. Zum Glück braucht es den Erfolg, und den kaufen Sie mit jedem Dr. Oetker Buch gleich mit.

Dafür gibt es die *Dr. Oetker Geling-Garantie*. Sie ist unser Versprechen, dass alle Rezepte aus diesem Buch ganz einfach und sicher gelingen. Die Geling-Garantie startet schon bei der Zuta-tenliste: Alle Zutaten, die wir verwenden, sollten Sie leicht in Ihrem Supermarkt vor Ort einkaufen können. Jeder Zubereitungs-Schritt ist klar und einfach nachvollziehbar.

Eine Garantie können wir Ihnen aber auch deshalb mit gutem Gewissen geben, weil alle Rezepte dieses Buches von unserem erfahrenen Team entwickelt wurden. Anschließend haben wir jedes Gericht in einer ganz normalen Küche nachgekocht oder nachgebacken. Immer wieder. So lange, bis wir uns sicher waren, dass es gelingt. Und zwar auch bei Ihnen zu Hause.

Was wir versprechen, halten wir auch. Sollte beim Kochen oder Backen eines unserer Rezepte dennoch etwas danebengehen oder es Ihnen einfach nicht schmecken, dann lassen Sie es uns wissen. Schreiben Sie oder rufen Sie uns an! Wir werden das Rezept nochmals kritisch prüfen und Ihnen helfen herauszufinden, woran es gelegen haben könnte. Sie erreichen uns über die Dr. Oetker Service-Hotline unter: 00 800-71 72 73 74, Mo–Fr 8:00–18:00 Uhr sowie Sa 9:00–15:00 Uhr. Oder schreiben Sie uns eine E-Mail unter: redaktion-oetker@zsverlag.de

Natürlich freuen wir uns aber auch über weitere Rückmeldungen und auch über Lob. Ihre Ideen, Kommentare und Fragen können Sie jederzeit auch über Facebook posten: www.facebook.com/Dr.OetkerVerlag. Wir sind für Sie da. Garantiert.

Mit herzlichen Grüßen
Ihre Dr. Oetker Redaktion

ALLGEMEINE HINWEISE ZU DEN REZEPTEN

Lesen Sie bitte vor der Zubereitung – besser noch vor dem Einkauf – das Rezept einmal vollständig durch. Oft werden Arbeitsabläufe oder -zusammenhänge dann klarer.

ZUTATENLISTE

Die Zutaten sind in der Reihenfolge ihrer Verarbeitung aufgeführt.

ARBEITSSCHRITTE

Die Arbeitsschritte sind einzeln hervorgehoben, in der Reihenfolge, in der sie von uns ausprobiert wurden.

ZUBEREITUNGSZEITEN

Die Zubereitungszeit ist ein Anhaltswert für die Dauer der Vorbereitung und die eigentliche Zubereitung. Längere Wartezeiten wie Kühl- oder Abkühlzeiten, Auftau- und Durchziehzeiten sind, sofern parallel keine weitere Tätigkeit erfolgt, nicht in der Zubereitungszeit enthalten. Die Backzeiten werden gesondert ausgewiesen.

TIPPS UND TRICKS

Die Zubereitung des Zauberkuchens ist einfach, benötigt aber umso mehr Sorgfalt. Anspruchsvollere Rezepte für Geübte sind gesondert ausgewiesen. Es empfiehlt sich, vor dem Ausprobieren den Ratgeber (ab Seite 84) zu lesen. Da finden sich viele wertvolle Tipps & Tricks zu Zubereitung, Backformen, Garprobe usw.

BACKOFENEINSTELLUNG UND BACKZEITEN

Die in den Rezepten angegebenen Backtemperaturen und Backzeiten sind Richtwerte, die je nach individueller Hitzeleistung Ihres Backofens über- oder unterschritten werden können. Die Temperaturangaben in diesem Buch beziehen sich auf Elektrobacköfen. Die Einstellungsmöglichkeiten für Gasbacköfen variieren je nach Hersteller, sodass wir keine allgemeingültigen Angaben machen können. Bitte beachten Sie deshalb bei der Einstellung des Backofens die Gebrauchsanleitung des Herstellers. Sinnvoll ist die Überprüfung der Temperatur mit einem Backofen-Thermometer. Wie das geht, steht im Ratgeber (Seite 84). Die Einschubhöhe von Backblechen ist die Mitte des Backofens, wenn nichts anderes angegeben ist.

HINWEISE ZU DEN NÄHRWERTEN

Bei den Nährwertangaben in den Rezepten handelt es sich um auf- bzw. abgerundete ganze Werte. Aufgrund von ständigen Rohstoffschwankungen und/oder Rezepturveränderungen bei Lebensmitteln kann es zu Abweichungen kommen. Die Nährwertangaben dienen daher lediglich Ihrer Orientierung und eignen sich nur bedingt für die Berechnung eines Diätplans, zum Beispiel bei Krankheiten wie Diabetes. Bei krankheitsbedingten Diäten richten Sie sich daher bitte nach den Anweisungen Ihres Diätassistenten bzw. Ihres Arztes.

ABKÜRZUNGEN UND SYMBOLE

EL	Esslöffel
TL	Teelöffel
Msp.	Messerspitze
Pck.	Packung/Päckchen
g	Gramm
kg	Kilogramm
ml	Milliliter
l	Liter
evtl.	eventuell
geh.	gehäuft
gem.	gemahlen
ger.	gerieben
gestr.	gestrichen
TK	Tiefkühlprodukt
°C	Grad Celsius
Ø	Durchmesser
🔔	Anzahl
🕐	Zubereitungs-/Backzeit
◖	Mit Alkohol
+	Schwierigkeitsgrad

KALORIEN-/NÄHRWERTANGABEN

E	Eiweiß
F	Fett
Kh	Kohlenhydrate
kcal	Kilokalorien

🕐 Zubereitungszeit: 15–20 Minuten
Backzeit: 60–65 Minuten
Abkühl-/Kühlzeit: mind. 4 Stunden

🔔 12 Stücke

Pro Stück:
E: 5 g, F: 12 g, Kh: 23 g, kcal: 220

MAGIC HIMBEER-KUCHEN

FÜR DEN TEIG:

4 Eiweiß (Größe M)
1 Prise Salz
4 Eigelb (Größe M)
145 g Zucker
1 Pck. Vanillin-Zucker
1 TL abger. Schale von 1 Bio-Zitrone
(unbehandelt, ungewachst)

125 g Butter
115 g Weizenmehl
500 ml Milch (3,5 % Fett)
150 g frische Himbeeren
½ TL Speisestärke

evtl. Puderzucker zum Bestäuben

ZUSÄTZLICH:

1 Kastenform (25 x 11 cm)
oder 1 Silikonkastenform
(24 x 10 cm)
etwas Fett für die Form
evtl. Backpapier

1. Den Backofen vorheizen.
Ober-/Unterhitze: etwa 150 °C
(Heißluft ist nicht geeignet)

2. Die Kastenform leicht fetten. Backpapier passend zuschneiden und die Form damit auslegen (entfällt bei der Verwendung einer Silikonform). Der Kuchen kann so später leichter herausgehoben werden.

3. Für den Teig Eiweiß mit Salz in einer fettfreien Rührschüssel mit einem Mixer (Rührstäbe) auf höchster Stufe sehr steif schlagen.

4. Eigelb zusammen mit Zucker, Vanillin-Zucker und Zitronenschale in einer zweiten Rührschüssel mit dem Mixer (Rührstäbe) cremig aufschlagen.

5. Die Butter in einem kleinen Topf zerlassen und kurz abkühlen lassen. Die lauwarme Butter unter ständigem Rühren langsam zur Eigelbmasse gießen. Das Mehl in zwei Portionen auf niedrigster Stufe unterrühren, bis ein glatter Teig entstanden ist. Anschließend mit einem Teigschaber über den Schüsselboden fahren. Danach die Milch in einem dünnen Strahl hinzugießen und dabei mit einem Schneebesen langsam weiterrühren.

6. Den Eischnee in drei Portionen mit einem Teigschaber vorsichtig unterheben. Kleine Flocken aus Eischnee sind dabei erwünscht.

7. Die Himbeeren mit Speisestärke bestäuben und auf dem Boden der vorbereiteten Kastenform verteilen und den Teig daraufgeben. Die Form auf einem Backblech in den vorgeheizten Backofen schieben. Den Kuchen **60–65 Minuten backen.** Die Oberfläche sollte goldbraun sein und die Mitte des Kuchens noch etwas weich.

8. Die Form auf einen Kuchenrost stellen und den Kuchen etwa 1 Stunde abkühlen lassen. Dann die Form mindestens 3 Stunden in den Kühlschrank stellen und gleichzeitig mit Backpapier abdecken.

9. Den Kuchen mit dem Backpapier aus der Form heben bzw. den Kuchen vorsichtig aus der Silikonform lösen. Nach Belieben mit Puderzucker bestäuben und in etwa 2 cm dicke Scheiben schneiden.

TIPP

 Den Kuchen nach Belieben mit ein paar frischen Himbeeren dekorieren.

⏲ Zubereitungszeit: 15 Minuten
Backzeit: etwa 55 Minuten
Abkühl-/Kühlzeit: mind. 4 Stunden

🔔 15 Stücke

Pro Stück:
E: 5 g, F: 12 g, Kh: 22 g, kcal: 211

ZITRONENKUCHEN

FÜR DEN TEIG:

5 Eiweiß (Größe M)
1 Prise Salz
5 Eigelb (Größe M)
185 g Zucker
1 Röhrchen Backaroma Zitrone
abger. Schale von 1 Bio-Zitrone
    (unbehandelt, ungewachst)

155 g Butter
145 g Weizenmehl
600 ml Milch (3,5 % Fett)
25 ml Zitronensaft

FÜR DIE GLASUR:

150 g Puderzucker
2-3 EL Zitronensaft

dünne Schalenstreifen von
½ Bio-Zitrone (unbehandelt,
    ungewachst) zum Garnieren

ZUSÄTZLICH:

1 Auflaufform (20 x 30 cm)
etwas Fett für die Form
Backpapier

1. Die Auflaufform leicht fetten. Backpapier passend zuschneiden und die Form damit auslegen. Der Kuchen kann so später leichter herausgehoben werden.

2. Den Backofen vorheizen.
Ober-/Unterhitze: etwa 150 °C
(Heißluft ist nicht geeignet)

3. Für den Teig Eiweiß mit Salz in einer fettfreien Rührschüssel mit einem Mixer (Rührstäbe) auf höchster Stufe sehr steif schlagen.

4. Eigelb zusammen mit Zucker, Backaroma und Zitronenschale in einer zweiten Rührschüssel mit dem Mixer (Rührstäbe) cremig aufschlagen.

5. Die Butter in einem kleinen Topf zerlassen und kurz abkühlen lassen. Die lauwarme Butter unter ständigem Rühren langsam zur Eigelbmasse gießen. Das Mehl in zwei Portionen auf niedrigster Stufe unterrühren, bis ein glatter Teig entstanden ist. Anschließend mit einem Teigschaber über den Schüsselboden fahren. Die Milch mit dem Zitronensaft verrühren und in einem dünnen Strahl hinzugießen und dabei langsam mit einem Schneebesen weiterrühren.

6. Den Eischnee in drei Portionen mit dem Teigschaber vorsichtig unterheben. Kleine Flocken aus Eischnee sind dabei erwünscht.

7. Den Teig in die vorbereitete Auflaufform füllen und auf einem Backblech in den vorgeheizten Backofen schieben. Den Kuchen **etwa 55 Minuten backen**. Die Oberfläche sollte goldbraun sein und die Mitte des Kuchens noch etwas weich.

8. Die Auflaufform auf einen Kuchenrost stellen und den Kuchen etwa 1 Stunde abkühlen lassen. Dann die Form mindestens 3 Stunden in den Kühlschrank stellen und gleichzeitig mit Backpapier abdecken.

9. Den Kuchen mit dem Backpapier aus der Form heben und in etwa 5 × 5 cm große Quadrate schneiden. Für den Guss Puderzucker mit Zitronensaft glatt verrühren und auf dem Kuchen verstreichen. Mit Zitronenschalenstreifen bestreuen. Guss trocknen lassen, Kuchen dafür evtl. kurz in den Kühlschrank stellen.

TIPP

 Statt mit Guss kann der Kuchen auch einfach nur mit Puderzucker bestäubt werden.

Zubereitung: 25 Minuten
Backzeit: etwa 55 Minuten
Abkühl-/Kühlzeit: mind. 4 Stunden

12 Stücke

Pro Stück:
E: 8 g, F: 18 g, Kh: 42 g, kcal: 366

MANDARINEN-FRISCHKÄSE-TORTE

ZUM VORBEREITEN:
400 ml Milch (3,5 % Fett)
75 g weiße Kuvertüre
100 g Butter
475 g abgetropfte Mandarinen
   (aus der Dose)

FÜR DEN TEIG:
5 Eiweiß (Größe M)
1 Prise Salz
5 Eigelb (Größe M)
100 g Puderzucker
1 Pck. Vanillin-Zucker
200 g Doppelrahm-Frischkäse
1 TL abger. Schale von 1 Bio-Zitrone
   (unbehandelt, ungewachst)
90 g Weizenmehl

ZUM GARNIEREN:
10 Löffelbiskuits
2 EL Puderzucker
100 g Zitronengelee

ZUSÄTZLICH:
1 runde Silikonform (Ø 26 cm)
etwas Fett für die Form

1. Die Silikonform leicht fetten. Zum Vorbereiten die Milch in einem Topf erhitzen. Kuvertüre in Stücke hacken und in der heißen Milch unter Rühren schmelzen. Butter darin zerlassen. Abkühlen lassen. Die Mandarinen auf dem Boden der vorbereiteten Form verteilen.

2. Den Backofen vorheizen.
Ober-/Unterhitze etwa 150 °C
(Heißluft nicht geeignet)

3. Für den Teig Eiweiß mit Salz in einer fettfreien Rührschüssel mit einem Mixer (Rührstäbe) auf höchster Stufe sehr steif schlagen.

4. Eigelb zusammen mit Puderzucker, Vanillin-Zucker, Frischkäse und Zitronenschale in einer zweiten Rührschüssel mit dem Mixer (Rührstäbe) auf höchster Stufe cremig aufschlagen. Mehl in zwei Portionen auf niedrigster Stufe unterrühren, bis ein glatter Teig entstanden ist. Anschließend mit dem Teigschaber über den Schüsselboden fahren. Schoko-Butter-Milch in einem dünnen Strahl hinzugießen und dabei mit einem Schneebesen langsam weiterrühren.

5. Den Eischnee in 3 Portionen mit dem Teigschaber vorsichtig unterheben. Kleine Flocken aus Eischnee sind dabei erwünscht.

6. Den Teig vorsichtig in die vorbereitete Form gießen. Die Form auf einem Backblech in den vorgeheizten Backofen schieben. Den Kuchen **etwa 55 Minuten backen**. Die Oberfläche sollte goldbraun sein und die Mitte des Kuchens noch etwas weich. Die Form aus dem Backofen nehmen, auf einen Kuchenrost stellen und den Kuchen etwa 1 Stunde abkühlen lassen. Dann die Form mindestens 3 Stunden in den Kühlschrank stellen und gleichzeitig mit Backpapier abdecken.

7. Den Kuchen vorsichtig aus der Form lösen.

8. Zum Garnieren die Löffelbiskuits in einen Gefrierbeutel geben, den Beutel fest verschließen. Löffelbiskuits mit der Teigrolle fein zerbröseln. Puderzucker in einer Pfanne schmelzen lassen. Biskuitbrösel hinzugeben und unter Rühren karamellisieren. Abkühlen lassen. Zitronengelee erwärmen. Die Oberfläche des Kuchens damit bestreichen und mit den Bröseln dick bestreuen.

🕐 Zubereitungszeit: 50 Minuten
Backzeit: etwa 55 Minuten
Abkühl-/Kühlzeit: mind. 4 Stunden

🔔 12 Stücke

Pro Stück:
E: 7 g, F: 20 g, Kh: 25 g, kcal: 306

SCHOKOLADEN-TRAUM

ZUM VORBEREITEN:
450 ml Milch (3,5 % Fett)
100 g Zartbitter-Schokolade
    (mind. 50 % Kakaoanteil)
100 g Butter

FÜR DEN TEIG:
5 Eiweiß (Größe M)
1 Prise Salz
5 Eigelb (Größe M)
90 g Zucker
90 g Weizenmehl
1 EL gesiebtes Kakaopulver

FÜR DIE SCHOKOSAHNE:
100 g Zartbitter-Kuvertüre
    (mind. 50 % Kakaoanteil)
150 g Schlagsahne (mind. 30 % Fett)
1 EL Puderzucker

ZUSÄTZLICH:
1 runde Silikonform (Ø 26 cm)
etwas Fett für die Form

1. Die Form leicht fetten. Zum Vorbereiten die Milch in einem Topf erhitzen. Schokolade in Stücke brechen und unter Rühren in der heißen Milch schmelzen. Butter in der Schokomilch zerlassen. Abkühlen lassen.

2. Den Backofen vorheizen.
Ober-/Unterhitze: etwa 150 °C
(Heißluft nicht geeignet)

3. Für den Teig Eiweiß mit Salz in einer fettfreien Rührschüssel mit einem Mixer (Rührstäbe) auf höchster Stufe sehr steif schlagen.

4. Eigelb mit Zucker in einer zweiten Rührschüssel mit dem Mixer (Rührstäbe) auf höchster Stufe cremig aufschlagen. Mehl mit Kakao mischen, in zwei Portionen auf niedrigster Stufe unterrühren, bis ein glatter Teig entstanden ist. Anschließend mit dem Teigschaber über den Schüsselboden fahren. Schokoladenmilch in einem dünnen Strahl hinzugießen und dabei mit einem Schneebesen langsam weiterrühren.

5. Den Eischnee in drei Portionen mit dem Teigschaber vorsichtig unterheben. Kleine Flocken aus Eischnee sind dabei erwünscht.

6. Den Teig in die vorbereitete Form gießen. Die Form auf einem Backblech in den vorgeheizten Backofen schieben. Den Kuchen **etwa 55 Minuten backen**. Die Oberfläche sollte goldbraun sein und die Mitte des Kuchens noch etwas weich. Die Form aus dem Backofen nehmen, auf einen Kuchenrost stellen und den Kuchen etwa 1 Stunde abkühlen lassen. Dann die Form mindestens 3 Stunden in den Kühlschrank stellen und gleichzeitig mit Backpapier abdecken.

7. Den Kuchen vorsichtig aus der Form lösen.

8. Für die Schokosahne Kuvertüre in Stücke hacken, in einem kleinen Topf im Wasserbad bei schwacher Hitze unter Rühren schmelzen. Die Hälfte der Kuvertüre auf einen Bogen Backpapier geben, mit einer Palette glatt streichen und Kuvertüre fest werden lassen.

9. Sahne mit dem Mixer (Rührstäbe) auf höchster Stufe steif schlagen. Restliche geschmolzene Kuvertüre mit Puderzucker vorsichtig unter die Sahne rühren. Schokosahne wellenartig auf den Kuchen geben.

10. Backpapier mit der fest gewordenen Schokolade einrollen. Die dadurch entstandenen Schokospäne locker auf den Kuchen streuen.

🕐 Zubereitungszeit: 15 Minuten
Backzeit: 55–60 Minuten
Abkühl-/Kühlzeit: mind. 4 Stunden

🔔 15 Stücke

Pro Stück:
E: 5 g, F: 12 g, Kh: 22 g, kcal: 212

⟲ Titelrezept

VANILLE-ZAUBERKUCHEN

FÜR DEN TEIG:

1 Vanilleschote
5 Eiweiß (Größe M)
1 Prise Salz
5 Eigelb (Größe M)

185 g Zucker
155 g Butter
145 g Weizenmehl
625 ml Milch (3,5 % Fett)
Puderzucker zum Bestäuben

ZUSÄTZLICH:

1 Auflaufform (20 x 30 cm)
etwas Fett für die Form
Backpapier

---

1. Den Backofen vorheizen.
Ober-/Unterhitze: etwa 150 °C
(Heißluft ist nicht geeignet)

2. Die Auflaufform leicht fetten. Backpapier passend zuschneiden und die Form damit auslegen. Der Kuchen kann so später leichter herausgehoben werden.

3. Für den Teig die Vanilleschote längs aufschneiden und das Mark mit einem Messerrücken herausschaben.

4. Für den Teig Eiweiß mit dem Salz in einer fettfreien Rührschüssel mit einem Mixer (Rührstäbe) auf höchster Stufe sehr steif schlagen.

5. Eigelb zusammen mit dem Zucker und dem Vanillemark in einer zweiten Rührschüssel mit dem Mixer (Rührstäbe) cremig aufschlagen.

6. Die Butter in einem kleinen Topf zerlassen und kurz abkühlen lassen. Die lauwarme Butter unter ständigem Rühren langsam zur Eigelbmasse gießen. Das Mehl in zwei Portionen auf niedrigster Stufe unterrühren, bis ein glatter Teig entsteht. Anschließend mit einem Teigschaber über den Schüsselboden fahren. Danach die Milch in einem dünnen Strahl hinzugießen und dabei langsam mit einem Schneebesen weiterrühren.

7. Den Eischnee in drei Portionen mit einem Teigschaber vorsichtig unterheben. Kleine Flocken aus Eischnee sind dabei erwünscht.

8. Den Teig in die vorbereitete Auflaufform füllen, auf einem Backblech in den vorgeheizten Backofen schieben und **55–60 Minuten backen**. Die Oberfläche sollte goldbraun sein und die Mitte des Kuchens noch etwas weich.

9. Die Auflaufform auf einen Kuchenrost ziehen und den Kuchen etwa 1 Stunde abkühlen lassen. Dann die Form für mindestens 3 Stunden im Kühlschrank stellen und gleichzeitig mit Backpapier abdecken.

10. Den Kuchen mit dem Backpapier aus der Form heben und in 5 x 5 cm große Quadrate schneiden. Nach Belieben mit Puderzucker bestäuben.

⏱ Zubereitungszeit: 35 Minuten
Backzeit: etwa 55 Minuten
Abkühl-/Kühlzeit: mind. 4 Stunden

🔔 12 Stücke

Pro Stück:
E: 4 g, F: 11 g, Kh: 19 g, kcal: 194

ESPRESSO-ZAUBERKUCHEN

ZUM VORBEREITEN:
350 ml Milch (3,5 % Fett)
100 ml Kaffeesahne
3 TL Instant-Espressopulver
125 g Rohrzucker
100 g Butter

FÜR DEN TEIG:
4 Eiweiß (Größe M)
1 Prise Salz
4 Eigelb (Größe M)
75 g Weizenmehl
1 TL gesiebtes Kakaopulver

ZUSÄTZLICH:
1 EL Espressobohnen
2 EL Rohrzucker
2 TL Kakaopulver

1 runde Silikonform (Ø 26 cm)
etwas Fett für die Form

1. Die Form leicht fetten.

2. Zum Vorbereiten die Milch mit Kaffeesahne, 2 Teelöffeln Espressopulver und 50 g Rohrzucker in einem Topf unter Rühren erhitzen, bis sich der Zucker aufgelöst hat. Die Butter in der warmen Milch zerlassen. Abkühlen lassen.

3. Den Backofen vorheizen.
Ober-/Unterhitze: etwa 150 °C
(Heißluft nicht geeignet)

4. Für den Teig Eiweiß mit Salz in einer fettfreien Rührschüssel mit einem Mixer (Rührstäbe) auf höchster Stufe sehr steif schlagen.

5. Eigelb zusammen mit restlichem Rohrzucker in einer zweiten Rührschüssel mit dem Mixer (Rührstäbe) auf höchster Stufe cremig aufschlagen. Mehl mit restlichem Espressopulver und Kakao mischen, in zwei Portionen auf niedrigster Stufe unterrühren, bis ein glatter Teig entstanden ist. Anschließend mit dem Teigschaber über den Schüsselboden fahren. Espressomilch in einem dünnen Strahl hinzugießen und dabei mit einem Schneebesen langsam weiterrühren.

6. Eischnee in drei Portionen mit dem Teigschaber vorsichtig unterheben. Kleine Flocken aus Eischnee sind dabei erwünscht.

7. Den Teig in die vorbereitete Form gießen. Die Form auf einem Backblech in den vorgeheizten Backofen schieben. Den Kuchen **etwa 55 Minuten backen**. Die Oberfläche sollte goldbraun sein und die Mitte des Kuchens noch etwas weich. Die Form aus dem Backofen nehmen, auf einen Kuchenrost stellen und den Kuchen etwa 1 Stunde abkühlen lassen. Dann die Form mindestens 3 Stunden in den Kühlschrank stellen und gleichzeitig mit Backpapier abdecken.

8. Den Kuchen vorsichtig aus der Form lösen.

9. Espressobohnen mit Rohrzucker im Blitzhacker oder in einem Mörser grob zerkleinern. Den Kuchen mit Kakao bestäuben und mit den Espressobröseln bestreuen.

⏱ Zubereitungszeit: 35 Minuten
Backzeit: etwa 55 Minuten
Abkühl-/Kühlzeit: mind. 4 Stunden

⚖ 12 Stücke

Pro Stück:
E: 5 g, F: 16 g, Kh: 28 g, kcal: 280

KOKOS-CHIPS-ZAUBERKUCHEN

ZUM VORBEREITEN:
300 ml Milch (3,5 % Fett)
200 ml Kokosmilch
100 g Butter

FÜR DEN TEIG:
5 Eiweiß (Größe M)
1 Prise Salz
5 Eigelb (Größe M)
120 g Zucker
Saft und Schale von 1 Bio-Zitrone
 (unbehandelt, ungewachst)
50 g Kokosnussmehl
40 g Weizenmehl

ZUM GARNIEREN
UND FÜR DEN GUSS:
40 g Kokos-Chips
 (Reformhaus, Bioladen)
150 g Puderzucker
1 EL Zitronensaft

ZUSÄTZLICH:
1 runde Silikonform (Ø 26 cm)
etwas Fett für die Form

1. Die Form leicht fetten. Zum Vorbereiten die Milch mit Kokosmilch in einem kleinen Topf langsam erhitzen. Butter in der warmen Milch zerlassen. Abkühlen lassen.

2. Den Backofen vorheizen.
Ober-/Unterhitze: etwa 150 °C
(Heißluft nicht geeignet)

3. Für den Teig Eiweiß mit Salz in einer fettfreien Rührschüssel mit einem Mixer (Rührstäbe) auf höchster Stufe sehr steif schlagen.

4. Eigelb zusammen mit Zucker, Zitronensaft und -schale in einer zweiten Rührschüssel mit dem Mixer (Rührstäbe) auf höchster Stufe cremig aufschlagen. Kokosmehl und Weizenmehl auf niedrigster Stufe unterrühren, bis ein glatter Teig entstanden ist. Anschließend mit dem Teigschaber über den Schüsselboden fahren. Die Kokosmilch in einem dünnen Strahl hinzugießen und dabei mit einem Schneebesen langsam weiterrühren.

5. Eischnee in drei Portionen mit dem Teigschaber vorsichtig unterheben. Kleine Flocken aus Eischnee sind dabei erwünscht.

6. Den Teig in die vorbereitete Form gießen. Die Form auf dem Rost in den vorgeheizten Backofen schieben. Den Kuchen **etwa 55 Minuten backen.** Der Kuchen ist fertig, wenn die obere Schicht goldbraun ist und der Kuchen beim Bewegen der Form noch leicht schwingt. Die Form aus dem Backofen nehmen, auf einen Kuchenrost stellen und den Kuchen etwa 1 Stunde abkühlen lassen. Dann die Form mindestens 3 Stunden in den Kühlschrank stellen und gleichzeitig mit Backpapier abdecken.

7. Den Kuchen vorsichtig aus der Form lösen.

8. Zum Garnieren Kokosnuss-Chips in einer vorgeheizten Pfanne ohne Fett unter Rühren goldbraun rösten. Für den Guss Puderzucker mit Zitronensaft und 2 Esslöffeln heißem Wasser glatt rühren. Den Kuchen mit dem Guss überziehen, kurz antrocknen lassen. Den Kuchen dick mit Kokos-Chips bestreuen. Guss evtl. im Kühlschrank vollständig trocknen lassen.

🕐 Zubereitungszeit: 45 Minuten
Backen: etwa 60 Minuten
Abkühl-/Kühlzeit: mind. 4 Stunden

🔔 12 Stücke

Pro Stück:
E: 4 g, F. 17 g, Kh: 27 g, kcal: 277

KARAMELLKUCHEN

ZUM VORBEREITEN:
10 weiche Karamellbonbons
400 ml Milch (3,5 % Fett)
120 g Butter

FÜR DEN TEIG:
4 Eiweiß (Größe M)
1 Prise Salz
4 Eigelb (Größe M)
125 g Rohrzucker

¼ TL gem. Zimt
gem. Muskatblüte
90 g Weizenmehl

FÜR DIE KARAMELLCREME:
60 g Rohrzucker
75 g Schlagsahne
50 g Butter
2 weiche Karamellbonbons

ZUSÄTZLICH:
1 Kastenform (25 x 11 cm) oder
  Silikon-Kastenform (24 x 10 cm)
etwas Fett für die Form
evtl. Backpapier

1. Die Kastenform leicht fetten. Backpapier passend zuschneiden und Form damit auslegen (entfällt bei Verwendung einer Silikonform). Karamellbonbons in einem Topf unter Rühren erhitzen, bis die Bonbons geschmolzen sind. Butter in der Milch zerlassen. Abkühlen lassen.

2. Den Backofen vorheizen.
Ober-/Unterhitze: etwa 150 °C
(Heißluft nicht geeignet)

3. Für den Teig Eiweiß mit Salz in einer fettfreien Rührschüssel mit einem Mixer (Rührstäbe) auf höchster Stufe sehr steif schlagen.

4. Eigelb mit Zucker, Zimt und 1 Prise Muskat mit dem Mixer (Rührstäbe) auf höchster Stufe cremig aufschlagen. Mehl in zwei Portionen auf niedrigster Stufe unterrühren, bis ein glatter Teig entstanden ist. Anschließend mit dem Teigschaber über den Schüsselboden fahren. Die Karamellmilch in einem dünnen Strahl hinzugießen und dabei langsam mit einem Schneebesen weiterrühren. Eischnee in drei Portionen mit dem Teigschaber vorsichtig unterheben. Kleine Flocken aus Eischnee sind dabei erwünscht.

5. Den Teig in die vorbereitete Form gießen. Die Form auf einem Backblech in den vorgeheizten Backofen schieben. Den Kuchen **etwa 60 Minuten backen.** Die Oberfläche sollte goldbraun sein und die Mitte des Kuchens noch etwas weich. Die Form aus dem Backofen nehmen, auf einen Kuchenrost stellen und den Kuchen etwa 1 Stunde abkühlen lassen. Dann die Form mindestens 3 Stunden in den Kühlschrank stellen und gleichzeitig mit Backpapier abdecken.

6. Für die Karamellcreme den Zucker in einem Topf mit schwerem Boden bei mittlerer Hitze schmelzen lassen. Sahne und Butter hinzugeben, so lange rühren, bis sich der Zucker gelöst hat.

7. Den Kuchen vorsichtig aus der Form nehmen. Mitgebackenes Backpapier entfernen. Die noch warme Karamellcreme auf dem Kuchen verteilen. Karamellbonbons grob würfeln und auf den Kuchen streuen. Karamellcreme fest werden lassen.

● Zubereitungszeit: 40 Minuten
Backzeit: etwa 60 Minuten
Abkühl-/Kühlzeit: mind. 4 Stunden

🔔 12 Stücke

Pro Stück:
E: 5 g, F: 11 g, KH: 33 g, kcal: 257

APRIKOSEN-SCHMAND-ZAUBER

ZUM VORBEREITEN:

475 g abgetropfte Aprikosenhälften
   (aus der Dose)
350 ml Milch (3,5 % Fett)
90 g Butter
1 EL Zucker

FÜR DEN TEIG:

5 Eiweiß (Größe M)
1 Prise Salz
5 Eigelb (Größe M)
110 g Zucker
1 TL abger. Bio-Orangenschale
   (unbehandelt, ungewachst)
100 g Schmand (Sauerrahm)
90 g Weizenmehl

FÜR DEN GUSS:

100 g Aprikosenkonfitüre
200 ml Aprikosensaft
   (von den Aprikosenhälften)
2 EL Zucker
1 Pck. Tortengusspulver, klar

ZUSÄTZLICH:

1 runde Silikonform (Ø 26 cm)
etwas Fett für die Form

1. Den Backofen vorheizen.
Ober-/Unterhitze: etwa 150 °C
(Heißluft nicht geeignet)

2. Die Form leicht fetten. Zum Vorbereiten von den Aprikosenhälften den Saft auffangen und für den Guss beiseitestellen. Die Milch in einem Topf erhitzen. Butter darin zerlassen. Abkühlen lassen.

3. 1 Esslöffel Zucker auf den Boden der Form streuen. Aprikosenhälften mit der Wölbung nach unten in die Form legen. Für den Teig Eiweiß mit Salz in einer fettfreien Rührschüssel mit einem Mixer (Rührstäbe) auf höchster Stufe sehr steif schlagen.

4. Eigelb zusammen mit Zucker, Orangenschale und Schmand in einer zweiten Rührschüssel mit dem Mixer (Rührstäbe) cremig aufschlagen. Mehl auf niedrigster Stufe unterrühren, bis ein glatter Teig entstanden ist. Anschließend mit dem Teigschaber über den Schüsselboden fahren. Milchmischung in einem dünnen Strahl hinzugießen und dabei langsam mit einem Schneebesen weiterrühren. Eischnee in drei Portionen mit dem Teigschaber vorsichtig unterheben. Kleine Flocken aus Eischnee sind dabei erwünscht.

5. Den Teig vorsichtig auf den Aprikosenhälften verteilen. Die Form auf einem Backblech in den vorgeheizten Backofen (mittlere Schiene) schieben. Den Kuchen **etwa 60 Minuten backen.** Die Oberfläche sollte goldbraun sein und die Mitte des Kuchens noch etwas weich.

6. Die Form aus dem Backofen nehmen, auf einen Kuchenrost stellen und den Kuchen etwa 1 Stunde abkühlen lassen. Dann die Form mindestens 3 Stunden in den Kühlschrank stellen und gleichzeitig mit Backpapier abdecken.

7. Den Kuchen vorsichtig aus der Form lösen.

8. Für den Guss die Konfitüre erhitzen und durch ein Sieb streichen. 200 ml von dem beiseitegestellten Aprikosensaft unterrühren. Zucker mit dem Tortengusspulver in einem Topf mischen, vorbereitete Saftmischung hinzugeben und unter ständigem Rühren kurz aufkochen, Guss etwa 1 Minute abkühlen lassen. Den Guss auf dem Kuchen gleichmäßig verteilen. Guss fest werden lassen und den Kuchen bis zum Servieren in den Kühlschrank stellen.

⏱ Zubereitungszeit: 35 Minuten
Backzeit: etwa 55 Minuten
Abkühl-/Kühlzeit: mind. 4 Stunden

🔔 12 Stücke

Pro Stück:
E: 6 g, F: 16 g, Kh: 26 g, kcal: 274

INGWER-ZITRONENGRAS-KUCHEN

ZUM VORBEREITEN:
3 Stängel Zitronengras
50 g frisch ger. Ingwer
500 ml Milch (3,5 % Fett)

FÜR DEN TEIG:
4 Eiweiß (Größe M), 1 Prise Salz
4 Eigelb (Größe M)
140 g brauner Zucker

½ gestr. TL gem. Kardamom
1 Msp. gem. Koriander
1 gestr. TL gem. Ingwer
125 g Butter, 115 g Weizenmehl
Saft von 1 Zitrone

FÜR DAS TOPPING:
30 g kandierter Ingwer
150 g Schlagsahne (mind. 30 % Fett)

1 EL Zucker
150 g Zitronenjoghurt
einige Zitronenmelisseblättchen

ZUSÄTZLICH:
1 Kastenform (25 x 11 cm) oder
    1 Silikonkastenform (24 x 10 cm),
etwas Fett für die Form
evtl. Backpapier

---

1. Zitronengras abspülen, abtropfen lassen und in dünne Scheiben schneiden. Milch mit Ingwer und Zitronengras zum Kochen bringen und etwa 10 Minuten bei schwacher Hitze zugedeckt ziehen lassen, dann erkalten lassen. Milch durch ein Sieb gießen, Stücke entfernen. Die Kastenform leicht fetten. Backpapier passend zuschneiden und die Form damit auslegen (entfällt bei der Silikonform).

2. Den Backofen vorheizen.
Ober-/Unterhitze: etwa 150 °C
(Heißluft ist nicht geeignet)

3. Für den Teig Eiweiß mit Salz in einer fettfreien Rührschüssel mit einem Mixer (Rührstäbe) auf höchster Stufe sehr steif schlagen. Eigelb zusammen mit dem braunen Zucker und den Gewürzen in einer zweiten Rührschüssel mit dem Mixer (Rührstäbe) cremig aufschlagen.

4. Die Butter zerlassen und kurz abkühlen lassen. Die lauwarme Butter unter ständigem Rühren langsam zur Eigelbmasse gießen. Das Mehl in zwei Portionen auf niedrigster Stufe unterrühren. Anschließend mit einem Teigschaber über den Schüsselboden fahren. Die aromatisierte Milch mit dem Zitronensaft in einem dünnen Strahl hinzugießen und dabei langsam mit einem Schneebesen weiterrühren.

5. Den Eischnee in drei Portionen mit dem Teigschaber vorsichtig unterheben. Kleine Flocken aus Eischnee sind dabei erwünscht.

6. Den Teig in die Kastenform füllen und auf einem Backblech in den vorgeheizten Backofen schieben. Den Kuchen **etwa 55 Minuten backen**. Die Oberfläche sollte goldbraun sein, die Mitte des Kuchens noch etwas weich.

7. Die Kastenform auf einen Kuchenrost stellen und den Kuchen etwa 1 Stunde abkühlen lassen. Dann Form mindestens 3 Stunden in den Kühlschrank stellen und mit Backpapier abdecken. Den Kuchen mit dem Backpapier vorsichtig aus der Form heben.

8. Für das Topping den Ingwer fein hacken. Die Sahne mit dem Zucker mit dem Mixer (Rührstäbe) auf höchster Stufe steif schlagen. Zitronenjoghurt vorsichtig untermischen und als lockere Schicht auf dem Kuchen verteilen. Mit Ingwerwürfeln und abgespülten, trocken getupften Zitronenmelisseblättchen garnieren.

⏱ Zubereitungszeit: 45 Minuten
Backzeit: etwa 55 Minuten
Abkühl-/Kühlzeit: mind. 4 Stunden

🔔 12 Stücke

Pro Stück:
E: 6 g, F: 20 g, Kh: 37 g, kcal: 352

KIRSCH-VANILLE-TORTE

ZUM VORBEREITEN:
450 ml Milch (3,5 %)
2 Pck. Bourbon-Vanille-Zucker
125 g Butter
350 g abgetropfte Sauerkirschen
(aus dem Glas)
50 g Zucker
½ Pck. Pudding-Pulver Vanille-
Geschmack (zum Kochen)

FÜR DEN TEIG:
5 Eiweiß (Größe M), 1 Prise Salz
5 Eigelb (Größe M)
100 g Zucker
100 g Weizenmehl

FÜR DIE CREME:
150 g Schlagsahne (mind. 30 % Fett)
100 g Mascarpone (ital. Frischkäse)
50 g Puderzucker

ZUM GARNIEREN:
einige Kirschen (frisch oder TK)
Minzeblättchen

ZUSÄTZLICH:
1 runde Silikonform (Ø 26 cm)
etwas Fett für die Form

1. Die Form leicht fetten. Zum Vorbereiten die Milch mit 1 Päckchen Vanille-Zucker in einem Topf unter Rühren erhitzen. Butter in der warmen Milch zerlassen. Abkühlen lassen. Von den Kirschen den Saft auffangen und 300 ml davon abmessen. Die Kirschen mit restlichem Vanille-Zucker bestreuen. Den Saft mit Zucker und Pudding-Pulver in einem Topf gut verrühren und unter Rühren aufkochen lassen. Kirschen unterheben und die Masse leicht abgekühlt auf den Boden der Form geben.

2. Den Backofen vorheizen.
Ober-/Unterhitze: etwa 150 °C
(Heißluft nicht geeignet)

3. Für den Teig Eiweiß mit Salz in einer fettfreien Rührschüssel mit einem Mixer (Rührstäbe) auf höchster Stufe steif schlagen. Eigelb mit Zucker in einer zweiten Rührschüssel mit dem Mixer (Rührstäbe) auf höchster Stufe cremig aufschlagen. Mehl in zwei Portionen auf niedrigster Stufe unterrühren, bis ein glatter Teig entstanden ist. Anschließend mit dem Teigschaber über den Schüsselboden fahren. Die Vanille-Milch in einem dünnen Strahl hinzugießen und dabei langsam mit einem Schneebesen weiterrühren.

4. Eischnee in drei Portionen mit dem Teigschaber vorsichtig unterheben. Kleine Flocken aus Eischnee sind dabei erwünscht.

5. Den Teig in die vorbereitete Form auf die Kirschen gießen. Die Form auf einem Backblech in den vorgeheizten Backofen schieben. Den Kuchen **etwa 55 Minuten backen.** Die Oberfläche sollte goldbraun sein und die Mitte des Kuchens noch etwas weich. Die Form aus dem Backofen nehmen, auf einen Kuchenrost stellen und den Kuchen etwa 1 Stunde abkühlen lassen. Dann die Form mindestens 3 Stunden in den Kühlschrank stellen und gleichzeitig mit Backpapier abdecken.

6. Den Kuchen vorsichtig aus der Form lösen.

7. Für die Creme Sahne mit dem Mixer (Rührstäbe) auf höchster Stufe steif schlagen. Mascarpone mit Puderzucker cremig rühren und esslöffelweise unter die Sahne rühren. Die Mascarponecreme locker auf den Kuchen geben. Mit Kirschen und abgespülten, trocken getupften Minzeblättchen garnieren.

🕐 Zubereitungszeit: 40 Minuten
Backzeit: 55–60 Minuten
Abkühl-/Kühlzeit: mind. 4 Stunden

🔔 15 Stücke

Pro Stück:
E: 4 g, F: 18 g, Kh: 18 g, kcal: 248

MÖHREN-HASELNUSS-ZAUBERKUCHEN

ZUM VORBEREITEN:

60 g gem. Haselnusskerne
1 Möhre (etwa 80 g)

FÜR DEN TEIG:

4 Eiweiß (Größe M), 1 Prise Salz
4 Eigelb (Größe M)
140 g Puderzucker
1 Pck. Bourbon-Vanille-Zucker
½ gestr. TL gem. Zimt

130 g Butter
45 g Weizenmehl
350 ml Möhrensaft
150 g Schlagsahne

FÜR DAS TOPPING:

1 Möhre (etwa 80 g)
30 g gehackte Haselnusskerne
2 EL brauner Zucker
150 g Schlagsahne (mind. 30 % Fett)

150 g Schmand (Sauerrahm)
½ EL Zucker
½ gestr. TL gem. Zimt

ZUSÄTZLICH:

1 Auflaufform (20 x 30 cm)
etwas Fett für die Form
Backpapier
1 Gemüsereibe
1 Gemüseraspel

1. Zum Vorbereiten die Haselnusskerne in einer Pfanne ohne Fett unter Rühren rösten, herausnehmen und abkühlen lassen. Die Möhre putzen, schälen, abspülen, trocken tupfen und sehr fein reiben.

2. Den Backofen vorheizen.
Ober-/Unterhitze: etwa 150 °C
(Heißluft ist nicht geeignet)

3. Die Form leicht fetten. Backpapier passend zuschneiden und die Form damit auslegen. Der Kuchen kann so später leichter herausgehoben werden.

4. Für den Teig Eiweiß mit Salz in einer fettfreien Rührschüssel mit einem Mixer (Rührstäbe) auf höchster Stufe sehr steif schlagen. Eigelb zusammen mit Puderzucker, Vanille-Zucker und Zimt in einer zweiten Rührschüssel mit dem Mixer (Rührstäbe) cremig aufschlagen. Die Butter zerlassen und kurz abkühlen lassen. Die lauwarme Butter unter ständigem Rühren langsam zur Eigelbmasse gießen. Das Mehl mit den gerösteten Haselnusskernen mischen und in zwei Portionen auf niedrigster Stufe unterrühren, bis ein glatter Teig entstanden ist. Anschließend mit einem Teigschaber über den Schüsselboden fahren. Möhrensaft und Sahne verrühren und in einem

dünnen Strahl hinzugießen und dabei langsam mit einem Schneebesen weiterrühren. Den Eischnee in drei Portionen mit dem Teigschaber vorsichtig unterheben. Kleine Flocken aus Eischnee sind dabei erwünscht.

5. Geriebene Möhre in der Form verteilen und den Teig daraufgeben. Die Form auf einem Backblech in den vorgeheizten Backofen schieben. Den Kuchen **55–60 Minuten backen**. Die Oberfläche sollte goldbraun sein, die Mitte des Kuchens noch etwas weich. Die Form auf einen Kuchenrost stellen. Den Kuchen etwa 1 Stunde abkühlen lassen, dann mindestens 3 Stunden in den Kühlschrank stellen und den Kuchen mit Backpapier abdecken.

6. Für das Topping Möhre schälen, waschen und in Streifen raspeln, mit Haselnüssen und Zucker in einer Pfanne langsam erhitzen, bis der Zucker karamellisiert. Vorsichtig rösten, auf Backpapier verteilen und abkühlen lassen. Die Sahne mit dem Mixer (Rührstäbe) auf höchster Stufe steif schlagen, Schmand vorsichtig unterheben. Kuchen vorsichtig aus der Form heben und mit Schmandsahne bestreichen. Zucker und Zimt mischen und den Kuchen damit bestreuen, in Quadrate (etwa 5 x 5 cm) schneiden und mit Möhren-Haselnuss-Crunch bestreuen.

🕐 Zubereitungszeit: 45 Minuten
Backzeit: 50–55 Minuten
Abkühl-/Kühlzeit: mind. 4 Stunden

🔔 12 Stücke

Pro Stück:
E: 9 g, F: 15 g, Kh: 30 g, kcal: 295

MOHN-ZAUBERKUCHEN

ZUM VORBEREITEN:
1 Vanilleschote
70 g Mohn
500 ml Milch (3,5 % Fett)

FÜR DEN TEIG:
4 Eiweiß (Größe M)
1 Prise Salz
4 Eigelb (Größe M)
150 g Zucker
50 g Vanillejoghurt

1 TL abger. Schale von 1 Bio-Zitrone
(unbehandelt, ungewachst)
125 g Butter
90 g Weizenmehl
50 g Rosinen

FÜR DAS TOPPING:
100 g Vanillejoghurt
250 g Magerquark
50 g Aprikosenkonfitüre
25 g Zucker

1 TL abger. Schale von 1 Bio-Zitrone
(unbehandelt, ungewachst)

etwas getrockneter Lavendel

ZUSÄTZLICH:
1 runde Silikonform (Ø 26 cm)
etwas Fett für die Form

1. Zum Vorbereiten die Vanilleschote längs aufschneiden und das Mark mit einem Messerrücken herausschaben. Vanillemark mit dem Mohn und der Milch in einem Topf einmal aufkochen, dann abkühlen lassen. Die Vanilleschote entfernen.

2. Den Backofen vorheizen.
Ober-/Unterhitze: etwa 150 °C
(Heißluft ist nicht geeignet)

3. Die Silikonform leicht fetten. Für den Teig Eiweiß mit Salz in einer fettfreien Rührschüssel mit einem Mixer (Rührstäbe) auf höchster Stufe sehr steif schlagen. Eigelb zusammen mit Zucker, Vanillejoghurt und Zitronenschale in einer zweiten Rührschüssel mit dem Mixer (Rührstäbe) cremig aufschlagen.

4. Die Butter zerlassen und kurz abkühlen lassen. Die lauwarme Butter unter ständigem Rühren langsam zur Eigelbmasse gießen. Das Mehl in zwei Portionen auf niedrigster Stufe unterrühren, bis ein glatter Teig entstanden ist. Anschließend mit einem Teigschaber über den Schüsselboden fahren. Die Mohnmilch in einem dünnen Strahl hinzugießen und dabei langsam mit einem

Schneebesen weiterrühren. Den Eischnee in drei Portionen mit dem Teigschaber vorsichtig unterheben. Kleine Flocken aus Eischnee sind dabei erwünscht.

5. Die Rosinen in der Form verteilen und den Teig daraufgeben. Die Form auf einem Backblech in den vorgeheizten Backofen schieben. Den Kuchen **50–55 Minuten backen**. Die Oberfläche sollte goldbraun sein und die Mitte des Kuchens noch etwas weich. Die Form auf einen Kuchenrost stellen. Den Kuchen etwa 1 Stunde abkühlen lassen. Dann die Form mindestens 3 Stunden in den Kühlschrank stellen und gleichzeitig mit Backpapier abdecken.

6. Für das Topping Joghurt, Quark, Konfitüre, Zucker und Zitronenschale zu einer glatten Creme verrühren. Den Kuchen mit dem Backpapier vorsichtig aus der Form heben. Die Kuchenoberfläche mit der Quarkcreme bestreichen und mit Lavendelhalmen garnieren.

🕐 Zubereitungszeit: 40 Minuten
Backzeit: etwa 55 Minuten
Abkühl-/Kühlzeit: mind. 4 Stunden

🔔 15 Stücke

Pro Stück:
E: 6 g, F: 21 g, Kh: 34 g, kcal: 355

DOUBLE-CHOC-KUCHEN

FÜR DEN TEIG:
5 Eiweiß (Größe M), 1 Prise Salz
5 Eigelb (Größe M)
175 g Zucker
1 Pck. Bourbon-Vanille- Zucker
155 g Butter
130 g Weizenmehl
625 ml Milch (3,5 % Fett)
50 g weiße Kuvertüre
15 g gesiebtes Kakaopulver

FÜR DAS TOPPING:
200 g Nuss-Nougat
175 g Schlagsahne (mind. 30% Fett)
50 g weiße Kuvertüre
1–2 EL Kakaonibs

ZUSÄTZLICH:
1 Auflaufform (20 x 30 cm)
etwas Fett für die Form
Backpapier
1 Reibe

1. Den Backofen vorheizen.
Ober-/Unterhitze: etwa 150 °C
(Heißluft ist nicht geeignet)

2. Die Auflaufform leicht fetten. Backpapier passend zuschneiden und die Form damit auslegen. Der Kuchen kann so später leichter herausgehoben werden.

3. Für den Teig Eiweiß mit Salz in einer Rührschüssel mit einem Mixer (Rührstäbe) auf höchster Stufe sehr steif schlagen. Eigelb zusammen mit Zucker und Vanille-Zucker in einer zweiten Rührschüssel mit dem Mixer (Rührstäbe) cremig aufschlagen.

4. Die Butter zerlassen und kurz abkühlen lassen. Die lauwarme Butter unter ständigem Rühren langsam zur Eigelbmasse gießen. Das Mehl in zwei Portionen auf niedrigster Stufe unterrühren, bis ein glatter Teig entstanden ist. Anschließend mit einem Teigschaber über den Schüsselboden fahren. Die Milch in einem dünnen Strahl hinzugießen und dabei langsam mit einem Schneebesen weiterrühren.

5. Den Teig in zwei Portionen teilen. Die weiße Kuvertüre mit der Küchenreibe fein reiben und unter eine Teighälfte mischen. Kakao unter die andere Teighälfte rühren. Jeweils die Hälfte des Eischnees in drei Portionen mit dem

Teigschaber vorsichtig unter die Teigportionen heben. Kleine Flocken aus Eischnee sind dabei erwünscht.

6. Den hellen und dunklen Teig abwechselnd in die vorbereitete Auflaufform füllen und auf einem Backblech in den vorgeheizten Backofen schieben. Den Kuchen **etwa 55 Minuten backen**. Die Oberfläche sollte goldbraun sein und die Mitte des Kuchens noch etwas weich.

7. Die Auflaufform auf einen Kuchenrost stellen. Den Kuchen etwa 1 Stunde abkühlen lassen, dann mindestens 3 Stunden in den Kühlschrank stellen und mit Backpapier abdecken.

8. Für das Topping Nuss-Nougat mit 150 g Sahne unter Rühren erwärmen, bis es geschmolzen ist. Abkühlen lassen und zugedeckt in den Kühlschrank stellen. Weiße Kuvertüre grob zerkleinern und mit der restlichen Sahne unter Rühren vorsichtig erwärmen. Nuss-Nougat-Sahne mit dem Mixer (Rührstäbe) auf höchster Stufe dicklich aufschlagen. Den Kuchen mit dem Backpapier vorsichtig aus der Form heben, mit Nougat-Sahne bestreichen und mit weißer Kuvertüre-Sahne streifenförmig verzieren. Mit Kakaonibs bestreuen und in Quadrate (etwa 5 × 5 cm) schneiden.

🕐 Zubereitungszeit: 25–30 Minuten
Backzeit: 55–60 Minuten
Abkühl-/Kühlzeit: mind. 4 Stunden

🔔 15 Stücke

Pro Stück:
E: 4 g, F: 19 g, kh: 25 g, kcal: 293

ROTE-GRÜTZE-ZAUBERKUCHEN

FÜR DEN TEIG:

5 Eiweiß (Größe M)

1 Prise Salz

1 Vanilleschote

5 Eigelb (Größe M)

85 g Zucker

100 g Erdbeerkonfitüre
ohne Stücke und Kerne

155 g Butter

120 g Weizenmehl

400 ml Kirschsaft

150 g Schlagsahne

150 g gemischte frische Beeren

½ TL Speisestärke

FÜR DAS TOPPING:

250 g Schlagsahne

1 Pck. Bourbon-Vanille-Zucker

30 g Vital-Kekse

100 g frische gemischte Beeren

50 g Erdbeerkonfitüre
ohne Stücke und Kerne
einige Minzblättchen

ZUSÄTZLICH:

1 Auflaufform (20 x 30 cm)
etwas Fett für die Form
Backpapier

---

1. Den Backofen vorheizen.
Ober-/Unterhitze: etwa 150 °C
(Heißluft ist nicht geeignet)

2. Die Auflaufform leicht fetten. Backpapier passend zuschneiden und die Form damit auslegen.

3. Für den Teig Eiweiß mit Salz in einer fettfreien Rührschüssel mit einem Mixer (Rührstäbe) auf höchster Stufe sehr steif schlagen. Die Vanilleschote längs aufschneiden und das Mark herausschaben. Eigelb zusammen mit Zucker, Konfitüre und Vanillemark in einer zweiten Rührschüssel mit dem Mixer (Rührstäbe) cremig aufschlagen. Die Butter zerlassen und kurz abkühlen lassen. Die lauwarme Butter unter ständigem Rühren langsam zur Eigelbmasse gießen. Das Mehl in zwei Portionen auf niedrigster Stufe unterrühren. Anschließend mit einem Teigschaber über den Schüsselboden fahren. Kirschsaft mit Sahne verrühren und in einem dünnen Strahl hinzugießen und dabei langsam weiterrühren.

4. Den Eischnee in drei Portionen mit dem Teigschaber vorsichtig unterheben. Kleine Flocken aus Eischnee sind dabei erwünscht.

5. Gemischte Beeren mit der Speisestärke bestäuben, auf dem Boden der vorbereiteten Auflaufform verteilen und den Teig daraufgeben. Die Form auf einem Backblech in den vorgeheizten Backofen schieben. Den Kuchen **55–60 Minuten backen.** Die Oberfläche sollte goldbraun sein, die Mitte des Kuchens noch etwas weich.

6. Die Form auf einen Kuchenrost stellen. Den Kuchen etwa 1 Stunde abkühlen lassen, dann mindestens 3 Stunden in den Kühlschrank stellen und mit Backpapier abdecken.

7. Für das Topping die Sahne mit Vanille-Zucker mit dem Mixer (Rührstäbe) auf höchster Stufe steif schlagen. Vital-Kekse in einen Gefrierbeutel geben, den Beutel fest verschließen. Die Kekse mit einer Teigrolle grob zerbröseln. Die Hälfte der Brösel unter die Sahne heben. Den Kuchen mit dem Backpapier vorsichtig aus der Form heben und die Vanillesahne auf der Oberfläche verteilen. Beeren verlesen, abspülen, trocken tupfen und evtl. entstielen. Glatt gerührte Konfitüre in Klecksen daraufgeben und mit den frischen Beeren belegen und restlichen Keksbröseln bestreuen. Mit Minzeblättchen garnieren. Kuchen in etwa 5 x 5 cm große Quadrate schneiden.

🕐 Zubereitungszeit: 40 Minuten
Backzeit: 40–50 Minuten
Überbackzeit: 3–4 Minuten
Abkühl-/Kühlzeit: mind. 4 Stunden

⚖ 12 Stücke

Pro Stück:
E: 6 g, F: 13 g, Kh: 24 g, kcal: 232

KEY-LIME-KUCHEN MIT BAISER

FÜR DEN TEIG:

3 Bio-Limetten
   (unbehandelt, ungewachst)
4 Eiweiß (Größe M), 1 Prise Salz
4 Eigelb (Größe M)
50 g Zucker
100 ml gezuckerte Kondensmilch
125 g Butter

90 g Weizenmehl
400 ml Milch (3,5 % Fett)

FÜR DAS BAISER:

2 Eiweiß (Größe M)
1 Prise Salz
30 g Zucker
70 g Puderzucker

ZUSÄTZLICH:

1 runde Silikonform (Ø 24 cm)
etwas Fett für die Form
Spritzbeutel mit Lochtülle (Ø 15 mm)

1. Den Backofen vorheizen.
Ober-/Unterhitze: etwa 150 °C
(Heißluft ist nicht geeignet)

2. Die Auflaufform leicht fetten. Für den Teig Limetten heiß abwaschen, abtrocknen und von zwei Limetten die Schale fein abreiben. Die Hälfte für die Garnierung beiseitestellen. Alle Limetten halbieren und den Saft auspressen.

3. Eiweiß mit Salz in einer fettfreien Rührschüssel mit einem Mixer (Rührstäbe) auf höchster Stufe sehr steif schlagen. Eigelb zusammen mit Zucker, Kondensmilch, Limettenschale und -saft in einer zweiten Rührschüssel mit dem Mixer (Rührstäbe) cremig aufschlagen.

4. Die Butter zerlassen und kurz abkühlen lassen. Die lauwarme Butter unter ständigem Rühren langsam zur Eigelbmasse gießen. Das Mehl in 2 Portionen auf niedrigster Stufe unterrühren, bis ein glatter Teig entstanden ist. Anschließend mit einem Teigschaber über den Schüsselboden fahren. Dann die Milch in einem dünnen Strahl hinzugießen und dabei langsam mit einem Schneebesen weiterrühren. Den Eischnee in drei Portionen mit dem Teigschaber vorsichtig unterheben. Kleine Flocken aus Eischnee sind dabei erwünscht.

5. Den Teig in die vorbereitete Form füllen und auf einem Backblech in den vorgeheizten Backofen schieben. Den Kuchen **45–50 Minuten backen**. Die Oberfläche sollte goldbraun, die Mitte des Kuchens noch etwas weich sein.

6. Die Form auf einen Kuchenrost stellen. Den Kuchen etwa 1 Stunde abkühlen lassen. Dann die Form mindestens 3 Stunden in den Kühlschrank stellen und gleichzeitig mit Backpapier abdecken. Den Kuchen vorsichtig aus der Form lösen.

7. Für das Baiser Zucker und Puderzucker mischen. Eiweiß mit Salz mit dem Mixer (Rührstäbe) auf mittlerer Stufe anschlagen, bis es beginnt weiß zu werden. Dann das Eiweiß weiter auf höchster Stufe steif schlagen und dabei den Zucker nach und nach einrieseln lassen, bis der Eischnee glänzt und fest ist. Den Eischnee in den Spritzbeutel füllen und unterschiedlich dicke Tupfen auf den Kuchen spritzen.

8. Den Backofengrill einschalten. Den Kuchen auf dem Rost unter den vorgeheizten Backofengrill schieben. Die Baisertupfen **3–4 Minuten goldbraun überbacken**. Mit der beiseitegelegten Limettenschale bestreuen.

🕐 Zubereitungszeit: 40 Minuten
Backzeit: etwa 60 Minuten
Abkühl-/Kühlzeit: mind. 4 Stunden

🔔 15 Stücke

Pro Stück:
E: 9 g, F: 19 g, Kh: 24 g, kcal: 304

ERDNUSS-CRUNCH-BROWNIES

ZUM VORBEREITEN:

500 ml Milch (3,5 % Fett)
100 g Zartbitter-Schokolade
(mind. 60% Kakaoanteil)
ger. Muskatnuss
gem. Piment (Nelkenpfeffer)
100 g Butter
2 EL Erdnusscreme (etwa 40 g)

FÜR DEN TEIG:

5 Eiweiß (Größe M), 1 Prise Salz
5 Eigelb (Größe M)
100 g Rohrzucker
1 Pck. Bourbon-Vanille-Zucker
100 g Weizenmehl
2 TL gesiebtes Kakaopulver
150 g gehackte ungesalzene
Erdnusskerne

FÜR DAS TOPPING:

2 TL Zucker
20 g Cornflakes

ZUM VERZIEREN:

100 g weiße Kuvertüre

1 Auflaufform (20 x 30 cm)
etwas Fett für die Form
Backpapier, Einmal-Spritzbeutel

---

1. Die Auflaufform leicht fetten. Backpapier passend zuschneiden und die Form damit auslegen. Die Milch in einem Topf erhitzen. Schokolade grob hacken, zu der Milch geben und unter Rühren schmelzen. Je eine kräftige Prise Muskat und Piment unterrühren. Butter zusammen mit Erdnussbutter in einem zweiten Topf zerlassen. Abkühlen lassen.

2. Den Backofen vorheizen.
Ober-/Unterhitze: etwa 150 °C
(Heißluft nicht geeignet)

3. Für den Teig Eiweiß mit Salz in einer fettfreien Rührschüssel mit einem Mixer (Rührstäbe) auf höchster Stufe sehr steif schlagen. Eigelb zusammen mit Rohrzucker und Vanille-Zucker in einer zweiten Rührschüssel mit dem Mixer (Rührstäbe) cremig aufschlagen. Die lauwarme Butter-Erdnussbutter-Mischung unter ständigem Rühren langsam zur Eigelbmasse gießen. Mehl mit Kakao mischen und auf niedrigster Stufe unterrühren, bis ein glatter Teig entstanden ist. Anschließend mit dem Teigschaber über den Schüsselboden fahren. Die Schokoladenmilch in einem dünnen Strahl zum Teig hinzugießen und dabei mit einem Schneebesen langsam unterrühren. Zum Schluss den Eischnee in drei Portionen mit dem

Teigschaber vorsichtig unterheben. Kleine Flocken aus Eischnee sind dabei erwünscht.

4. Zwei Drittel der gehackten Erdnusskerne auf den Boden der Auflaufform streuen. Den Teig in die Auflaufform gießen. Die Form in den vorgeheizten Backofen schieben. Den Kuchen **etwa 60 Minuten backen**. Die Oberfläche sollte goldbraun sein, die Mitte des Kuchens noch etwas weich. Die Form auf einen Kuchenrost stellen und Kuchen etwa 1 Stunde abkühlen lassen, dann 3 Stunden in den Kühlschrank stellen und mit Backpapier abdecken.

5. Für das Topping den Boden einer Pfanne mit Zucker ausstreuen und bei mittlerer Stufe den Zucker ohne Rühren schmelzen lassen. Wenn er beginnt Farbe zu nehmen, Erdnusskerne und Cornflakes untermischen, unter Wenden leicht rösten. Die Mischung zum Abkühlen auf Backpapier verteilen. Den Kuchen vorsichtig aus der Form heben und in 15 Stücke schneiden. Den Erdnuss-Crunch auf dem Kuchen verteilen. Kuvertüre grob hacken, in einer kleinen Schüssel im Wasserbad unter Rühren schmelzen. Kuvertüre in den Spritzbeutel füllen, eine sehr kleine Ecke abschneiden und feine Linien über den Kuchen ziehen.

🕐 Zubereitungszeit: 25 Minuten
Backzeit: 45–50 Minuten
Abkühl-/Kühlzeit: mind. 4 Stunden

🔔 12 Stücke

Pro Stück:
E: 5 g, F: 19 g, kH. 24 g, kcal: 282

SANDDORN-CHIA-KUCHEN

ZUM VORBEREITEN:

1 Vanilleschote

FÜR DEN TEIG:

4 Eiweiß (Größe M)

1 Prise Salz

4 Eigelb (Größe M)

120 g Puderzucker

100 g Sanddornmark (aus dem
Reformhaus oder Bio-Laden)

125 g Butter

70 g Weizenmehl

20 g Chiasamen

350 ml Milch (3,5 % Fett)

FÜR DAS TOPPING:

250 g Schlagsahne (mind. 30 % Fett)

25 g knusprige Apfelchips

1 EL Sanddornmark

2 EL Aprikosen- oder
Mangokonfitüre

ZUSÄTZLICH:

1 runde Silikonform (Ø 24 cm)
etwas Fett für die Form

1. Den Backofen vorheizen.
Ober-/Unterhitze: etwa 150 °C
(Heißluft ist nicht geeignet)

2. Zum Vorbereiten die Vanilleschote längs aufschneiden und das Mark mit dem Messerrücken herausschaben. Die Silikonform leicht fetten.

3. Für den Teig Eiweiß mit dem Salz in einer fettfreien Rührschüssel mit einem Mixer (Rührstäbe) auf höchster Stufe sehr steif schlagen.

4. Eigelb zusammen mit dem Puderzucker und dem Vanillemark in einer zweiten Rührschüssel mit dem Mixer (Rührstäbe) cremig aufschlagen. Sanddornmark unterrühren.

5. Die Butter in einem kleinen Topf zerlassen und kurz abkühlen lassen. Die lauwarme Butter unter ständigem Rühren langsam zur Eigelbmasse gießen. Das Mehl mit den Chiasamen mischen und in zwei Portionen auf niedrigster Stufe unterrühren, bis ein glatter Teig entsteht. Mit einem Teigschaber über den Schüsselboden fahren.

6. Danach die Milch in einem dünnen Strahl zum Teig hinzugießen und dabei mit einem Schneebesen langsam unterrühren. Zum Schluss den Eischnee in drei Portionen mit dem Teigschaber vorsichtig unterheben. Kleine Flocken aus Eischnee sind dabei erwünscht.

7. Den Teig in die vorbereitete Form füllen, auf einem Backblech in den vorgeheizten Backofen schieben und **45–50 Minuten backen**. Die Oberfläche sollte goldbraun sein und die Mitte des Kuchens noch etwas weich.

8. Die Form auf einen Kuchenrost ziehen und den Kuchen etwa 1 Stunde abkühlen lassen. Dann die Form für mindestens 3 Stunden im Kühlschrank stellen. Mit Backpapier abdecken.

9. Für das Topping die Sahne mit dem Mixer (Rührstäbe) steif schlagen. Den Kuchen aus der Form lösen. Die geschlagene Sahne auf der Oberfläche verteilen und mit den knusprigen Apfelchips belegen. Sanddornmark mit der Aprikosen- bzw. Mangokonfitüre glatt rühren und über den Kuchen klecksartig verteilen.

🕐 Zubereitungszeit: 15 Minuten
Backzeit: 55–60 Minuten
Abkühl-/Kühlzeit:
mind. 4 Stunden

🔔 15 Stücke

Pro Stück:
E: 7g, F: 20 g, Kh: 22 g, kcal: 297

PISTAZIEN-GOJIBEEREN-ZAUBERKUCHEN

ZUM VORBEREITEN:
50 g Pistazienkerne

FÜR DEN TEIG:
5 Eiweiß (Größe M)
1 Prise Salz
5 Eigelb (Größe M)
160 g Zucker
1 Pck. Bourbon-Vanille-Zucker
1 TL abger. Schale von 1 Bio-Limette
   (unbehandelt, ungewachst)

155 g Butter
75 g Weizenmehl
500 ml Haselnussdrink
100 g Schlagsahne
etwas grüne Speisefarbe
40 g Gojibeeren

FÜR DAS TOPPING :
150 g Sahnejoghurt
1 Btl. Gelatine fix
200 g Doppelrahm-Frischkäse
3 EL Zitronen-, Quitten- oder
   Apfelgelee
2 EL Granatapfelkerne

ZUSÄTZLICH:
1 Auflaufform (20 x 30 cm)
etwas Fett, Backpapier

1. Zum Vorbereiten die Pistazienkerne im Blitzhacker fein mahlen oder mit einem großen Messer sehr fein hacken. 1 Esslöffel davon beiseitestellen. Die Auflaufform leicht fetten. Backpapier passend zuschneiden und die Form damit auslegen.

2. Den Backofen vorheizen.
Ober-/Unterhitze: etwa 150 °C
(Heißluft ist nicht geeignet)

3. Für den Teig Eiweiß mit Salz in einer fettfreien Rührschüssel mit einem Mixer (Rührstäbe) auf höchster Stufe sehr steif schlagen. Eigelb zusammen mit Zucker, Vanille-Zucker und Limettenschale in einer zweiten Rührschüssel mit dem Mixer (Rührstäbe) cremig aufschlagen. Die Butter in einem kleinen Topf zerlassen und kurz abkühlen lassen. Die lauwarme Butter unter ständigem Rühren langsam zur Eigelbmasse gießen. Das Mehl mit den gemahlenen Pistazienkernen mischen und in zwei Portionen auf niedrigster Stufe unterrühren, bis ein glatter Teig entstanden ist. Anschließend mit einem Teigschaber über den Schüsselboden fahren. Den Haselnussdrink mit Sahne verrühren, mit etwas Speisefarbe leicht grün färben und in einem dünnen Strahl zum Teig

hinzugießen und dabei mit einem Schneebesen langsam unterrühren. Zum Schluss den Eischnee in drei Portionen mit dem Teigschaber vorsichtig unterheben. Kleine Flocken aus Eischnee sind dabei erwünscht.

4. Die Gojibeeren in die Auflaufform streuen, den Teig daraufgeben. Die Form auf einem Backblech in den vorgeheizten Backofen schieben. Den Kuchen **55–60 Minuten backen**. Die Oberfläche sollte goldbraun sein und die Mitte des Kuchens noch etwas weich. Die Form auf einen Kuchenrost stellen. Den Kuchen etwa 1 Stunde abkühlen lassen, dann mindestens 3 Stunden in den Kühlschrank stellen und mit Backpapier abdecken.

5. Für das Topping den Joghurt mit Gelatine fix etwa 1 Minute glatt rühren. Frischkäse und Gelee unterrühren. Kuchen mit dem Backpapier vorsichtig aus der Form heben und mit der Creme bestreichen. Mit den beiseitegestellten Pistazienkernen und den Granatapfelkernen bestreuen und den Kuchen in etwa 5 x 5 cm große Quadrate schneiden.

🕐 Zubereitungszeit: 45 Minuten
Backzeit: etwa 55 Minuten
Abkühl-/Kühlzeit:
mind. 4 ¹/₂ Stunden

⊘ Mit Alkohol

🔔 12 Stücke

Pro Stück:
E: 6 g, F: 27 g, Kh: 30 g, kcal: 398

RUM-TRAUBEN-NUSS-KUCHEN

ZUM VORBEREITEN:
40 g gehobelte Haselnusskerne

FÜR DEN TEIG:
4 Eiweiß (Größe M), 1 Prise Salz
4 Eigelb (Größe M)
140 g Zucker
2 EL Rum, 125 g Butter
60 g Weizenmehl

60 g gem. Haselnusskerne
1 EL gesiebtes Kakaopulver
500 ml Milch (3,5 % Fett)
50 g Rum-Rosinen

FÜR DAS TOPPING:
150 g Nuss-Nougat-Creme
(aus dem Glas)
80 g Butter (zimmerwarm)

1 EL brauner Rum
150 g rote Weintrauben

ZUSÄTZLICH:
1 Kastenform (25 x 11 cm)
oder 1 Silikonkastenform
(24 x 10 cm)
etwas Fett für die Form
evtl. Backpapier

1. Zum Vorbereiten die gehobelten Haselnusskerne in einer Pfanne ohne Fett unter Rühren rösten. Abkühlen lassen. Die Kastenform leicht fetten. Backpapier passend zuschneiden und die Form damit auslegen (Backpapier entfällt bei der Silikonform).

2. Den Backofen vorheizen.
Ober-/Unterhitze: etwa 150 °C
(Heißluft ist nicht geeignet)

3. Für den Teig Eiweiß mit Salz in einer fettfreien Rührschüssel mit einem Mixer (Rührstäbe) auf höchster Stufe sehr steif schlagen. Eigelb zusammen mit Zucker und Rum in einer zweiten Rührschüssel mit dem Mixer (Rührstäbe) cremig aufschlagen.

4. Die Butter in einem kleinen Topf zerlassen und kurz abkühlen lassen. Die lauwarme Butter unter ständigem Rühren langsam zur Eigelbmasse gießen. Das Mehl mit den gemahlenen Haselnusskernen und dem Kakao mischen, dann in zwei Portionen auf niedrigster Stufe unterrühren, bis ein glatter Teig entstanden ist. Anschließend mit einem Teigschaber über den Schüsselboden fahren. Dann die Milch in einem dünnen Strahl zum Teig hinzugießen und dabei mit einem Schneebesen langsam unterrühren. Zum Schluss den Eischnee in drei

Portionen mit dem Teigschaber vorsichtig unterheben. Kleine Flocken aus Eischnee sind dabei erwünscht.

5. Jeweils die Hälfte der gerösteten Haselnnusskerne und der Rum-Rosinen auf dem Boden der vorbereiteten Kastenform verteilen. Den Teig gleichmäßig daraufgeben. Die Form auf einem Backblech in den vorgeheizten Backofen schieben. Den Kuchen **etwa 55 Minuten backen**. Die Oberfläche sollte goldbraun sein und die Mitte des Kuchens noch etwas weich.

6. Kastenform auf einen Kuchenrost stellen. Kuchen etwa 1 Stunde abkühlen lassen, dann mindestens 3 Stunden in den Kühlschrank stellen und mit Backpapier abdecken.

7. Für das Topping Nuss-Nougat-Creme mit Butter und Rum mit dem Mixer (Rührstäbe) glatt rühren. Den Kuchen aus der Form auf eine Kuchenplatte stürzen und das mitgebackene Backpapier abziehen. Den Kuchen mit etwa ¹/₃ der Buttercreme vorsichtig an den Seiten bestreichen. Restliche Buttercreme wellenartig mit einem Teelöffel auf der Oberfläche verstreichen. Weintrauben abspülen, trocken tupfen und entstielen. Den Kuchen mit Trauben, Haselnüssen und Rosinen garnieren, etwa 30 Minuten kalt stellen.

🕐 Zubereitungszeit: 35 Minuten
Backzeit: 50–55 Minuten
Abkühl-/Kühlzeit: mind. 4 Stunden
🔔 Mit Alkohol

🔔 12 Stücke

Pro Stück:
E: 5 g, F. 21 g, Kh: 27 g, kcal: 328

LIMONCELLO-LEMON-KUCHEN

FÜR DEN TEIG:

4 Eiweiß (Größe M), 1 Prise Salz
4 Eigelb (Größe M)
125 g Zucker
abger. Schale und Saft von
    1 Bio-Zitrone (unbehandelt,
    ungewachst)
120 g Butter
100 g Weizenmehl
350 ml Milch (3,5 % Fett)
50 ml Limoncello
    (ital. Zitronenlikör)

FÜR DAS TOPPING:

4 Blatt weiße Gelatine
1 Bio-Zitrone
    (unbehandelt, ungewachst)
100 ml Limoncello (Zitronenlikör)
50 g Zucker
250 g Schlagsahne (mind. 30 % Fett)
1-2 EL Lemoncurd (aus dem Glas)
einige Blättchen Zitronenmelisse

ZUSÄTZLICH:

1 runde Silikonform (Ø 24 cm)
etwas Fett für die Form

1. Den Backofen vorheizen.
Ober-/Unterhitze: etwa 150 °C
(Heißluft ist nicht geeignet)

2. Die Silikonform leicht fetten. Für den Teig Eiweiß mit Salz in einer fettfreien Rührschüssel mit einem Mixer (Rührstäbe) auf höchster Stufe sehr steif schlagen. Eigelb zusammen mit Zucker und der Zitronenschale in einer zweiten Rührschüssel mit dem Mixer (Rührstäbe) cremig aufschlagen. Die Butter in einem kleinen Topf zerlassen, kurz abkühlen lassen. Lauwarme Butter unter ständigem Rühren langsam zur Eigelbmasse gießen. Das Mehl in zwei Portionen auf niedrigster Stufe unterrühren, bis ein glatter Teig entstanden ist. Anschließend mit einem Teigschaber über den Schüsselboden fahren. Milch mit Sahne und Limoncello verrühren und in einem dünnen Strahl zum Teig hinzugießen und dabei mit einem Schneebesen langsam unterrühren. Zum Schluss den Eischnee in drei Portionen mit einem Teigschaber vorsichtig unterheben. Kleine Flocken aus Eischnee sind dabei erwünscht.

3. Den Teig in die vorbereitete Form füllen und auf einem Backblech in den vorgeheizten Backofen schieben. Den Kuchen **50–55 Minuten backen.** Die Oberfläche sollte goldbraun sein und die Mitte noch etwas weich.

4. Die Form auf einen Kuchenrost stellen und den Kuchen etwa 1 Stunde abkühlen lassen. Dann die Form für mindestens 3 Stunden in den Kühlschrank stellen und den Kuchen mit Backpapier abdecken.

5. Für das Topping die Gelatine nach Packungsanleitung einweichen. Die Zitrone heiß abwaschen, abtrocknen und die Schale dünn abschälen und in sehr feine Streifen schneiden. Zitrone halbieren und den Saft auspressen. Die eingeweichte Gelatine gut ausdrücken und mit 2 Esslöffeln Limoncello in einem kleinen Topf unter Rühren auflösen. Restlichen Limoncello mit Zucker und Zitronensaft verrühren und unter die aufgelöste Gelatine rühren. Gelatinemasse kurz in den Kühlschrank stellen.

6. Die Sahne mit dem Mixer (Rührstäbe) auf höchster Stufe steif schlagen. Den Kuchen aus der Form lösen. Wenn die Limoncellomasse anfängt zu gelieren, die steif geschlagene Sahne unterheben und auf dem Kuchen verteilen. Den Kuchen weitere etwa 45 Minuten in den Kühlschrank stellen. Den Kuchen vor dem Servieren mit den Zitronenstreifen bestreuen. Lemoncurd glatt rühren und Kuchen nach Belieben damit beträufeln und mit abgespülten, trocken getupften Zitronenmelisseblättchen garnieren.

Zubereitungszeit: 20 Minuten
Backzeit: 60–65 Minuten
Abkühl-/Kühlzeit: mind. 4 Stunden
Mit Alkohol

15 Stücke

Pro Stück:
E: 5 g, F: 19 g, Kh: 22 g, kcal: 291

EIERLIKÖR-SCHOKO-ZAUBER

FÜR DEN TEIG:

1 Vanilleschote
4 Eiweiß (Größe M), 1 Prise Salz
4 Eigelb (Größe M)
125 g Zucker, 120 g Butter
60 g Weizenmehl
45 g abgezogene gem. Mandeln
150 ml Milch (3,5 % Fett)
150 g Schlagsahne
200 ml Eierlikör

FÜR DAS TOPPING:

150 g Zartbitter-Schokolade
　　(etwa 60 % Kakaoanteil)
1 ½ EL Speiseöl,
　　z. B. Sonnenblumenöl
1 TL Kakao

ZUSÄTZLICH:

1 Auflaufform (20 x 30 cm)
etwas Fett für die Form
Backpapier

1. Den Backofen vorheizen.
Ober-/Unterhitze: 150–160 °C
(Heißluft ist nicht geeignet)

2. Die Auflaufform leicht fetten. Backpapier passend zuschneiden und die Form damit auslegen.

3. Für den Teig die Vanilleschote längs aufschneiden und das Mark mit einem Messerrücken herausschaben. Eiweiß mit Salz in einer fettfreien Rührschüssel mit einem Mixer (Rührstäbe) auf höchster Stufe sehr steif schlagen. Eigelb zusammen mit Zucker und Vanillemark in einer zweiten Rührschüssel mit dem Mixer (Rührstäbe) cremig aufschlagen. Die Butter in einem kleinen Topf zerlassen, kurz abkühlen lassen. Lauwarme Butter unter ständigem Rühren langsam zur Eigelbmasse gießen. Das Mehl mit den Mandeln mischen und in zwei Portionen auf niedrigster Stufe unterrühren, bis ein glatter Teig entstanden ist. Anschließend mit einem Teigschaber über den Schüsselboden fahren. Die Milch mit Sahne und Eierlikör verrühren und in einem dünnen Strahl zum Teig hinzugießen und dabei mit einem Schneebesen langsam unterrühren. Zum Schluss den Eischnee in drei Portio-

nen mit dem Teigschaber vorsichtig unterheben. Kleine Flocken aus Eischnee sind dabei erwünscht.

4. Den Teig in die vorbereitete Auflaufform füllen und auf einem Backblech in den vorgeheizten Backofen schieben. Den Kuchen **60–65 Minuten backen.** Die Oberfläche sollte goldbraun sein, die Mitte des Kuchens noch etwas weich.

5. Die Form auf einen Kuchenrost ziehen. Den Kuchen etwa 1 Stunde abkühlen lassen, dann mindestens 3 Stunden in den Kühlschrank stellen und den Kuchen mit Backpapier abdecken.

6. Für das Topping die Schokolade in Stücke brechen, mit Speiseöl in einem kleinen Topf im Wasserbad bei schwacher Hitze unter Rühren schmelzen.

7. Den Kuchen aus der Form heben und das mitgebackene Backpapier abziehen. Den Guss auf der Kuchenoberfläche verstreichen und weitere etwa 15 Minuten in den Kühlschrank stellen. Wenn der Guss fest ist, den Kuchen mit Kakao bestäuben und in Quadrate (etwa 5 x 5 cm) schneiden.

🕐 Zubereitungszeit: 15 Minuten
Backzeit: 55–60 Minuten
Abkühl-/Kühlzeit: mind. 4 Stunden

🔔 12 Stücke

Pro Stück:
E: 4 g, F. 12 g, Kh: 20 g, kcal: 223

🔄 Mit Alkohol

CAIPIRINHA-ZAUBERKUCHEN

FÜR DEN TEIG:

4 Eiweiß (Größe M)
1 Prise Salz
4 Eigelb (Größe M)
145 g Zucker
abger. Schale und Saft von
    2 Bio-Limetten
    (unbehandelt, ungewachst)
125 g Butter, 115 g Weizenmehl
300 ml Milch (3,5 % Fett)

50 g Schlagsahne
50 ml weißer Rum oder Cachaça

FÜR DAS TOPPING:

100 g weiße Kuvertüre
2 EL weißer Rum oder Cachaça
abger. Schale und Saft 1 Bio-Limette
    (unbehandelt, ungewachst)
Scheiben von 1 Bio-Limettenhälfte
    (unbehandelt, ungewachst)

ZUSÄTZLICH:

1 Kastenform (25 x 11 cm) oder
    1 Silikonkastenform (24 x 10 cm)
etwas Fett für die Form
evtl. Backpapier

1. Den Backofen vorheizen.
Ober-/Unterhitze: etwa 150 °C
(Heißluft ist nicht geeignet)

2. Die Kastenform leicht fetten. Backpapier passend zuschneiden und die Form damit auslegen (Backpapier entfällt bei der Silikonform). Der Kuchen kann so später leichter herausgehoben werden.

3. Für den Teig Eiweiß mit Salz in einer fettfreien Rührschüssel mit einem Mixer (Rührstäbe) auf höchster Stufe sehr steif schlagen. Eigelb zusammen mit Zucker, Limettenschale und -saft in einer zweiten Rührschüssel mit dem Mixer (Rührstäbe) cremig aufschlagen. Die Butter in einem kleinen Topf zerlassen und kurz abkühlen lassen. Die lauwarme Butter unter ständigem Rühren langsam zur Eigelbmasse gießen. Das Mehl in zwei Portionen auf niedrigster Stufe unterrühren, bis ein glatter Teig entstanden ist. Anschließend mit einem Teigschaber über den Schüsselboden fahren. Die Milch mit der Sahne und dem Rum oder Cachaça verrühren und in einem dünnen Strahl zum Teig hinzugießen und dabei mit einem Schneebesen langsam unterrühren.

4. Zum Schluss den Eischnee in drei Portionen mit dem Teigschaber vorsichtig unterheben. Kleine Flocken aus Eischnee sind dabei erwünscht.

5. Den Teig in die vorbereitete Form füllen und auf einem Backblech in den vorgeheizten Backofen schieben. Den Kuchen **etwa 55–60 Minuten backen**. Die Oberfläche sollte goldbraun sein und die Mitte des Kuchens noch etwas weich. Die Form auf einen Kuchenrost stellen. Den Kuchen etwa 1 Stunde abkühlen lassen. Dann die Form mindestens 3 Stunden in den Kühlschrank stellen und den Kuchen mit Backpapier abdecken.

6. Den Kuchen mit dem Backpapier vorsichtig aus der Form lösen und auf eine Kuchenplatte setzen. Für das Topping die weiße Kuvertüre in Stücke hacken, mit Rum oder Cachaça in einem kleinen Topf im Wasserbad bei schwacher Hitze unter Rühren schmelzen. Limettensaft gut unter die geschmolzene Kuvertüre rühren. Den Kuchen damit bestreichen. Den Guss fest werden lassen. Mit Limettenscheiben garnieren und mit Limettenschale bestreuen.

🕐 Zubereitungszeit: 45 Minuten
Backzeit: etwa 55 Minuten
Abkühl-/Kühlzeit: mind. 4 Stunden
🔵 Mit Alkohol

🔔 12 Stücke

Pro Stück:
E: 7 g, F: 25 g, Kh: 17 g, kcal: 325

MANDEL-LIKÖR-ZAUBERKUCHEN

ZUM VORBEREITEN:

400 ml Mandelmilch
110 g Butter

FÜR DEN TEIG:

4 Eiweiß (Größe M)
1 Prise Salz
4 Eigelb (Größe M)
40 g helles Mandelmus
   (Reformhaus)
75 g Puderzucker
75 g Weizenmehl
50 g abgezogene gem. Mandeln
1 EL Mandellikör

FÜR DIE CREME:

200 g Schlagsahne (mind. 30 % Fett)
1 Pck. Sahnesteif
25 g helles Mandelmus (1 EL)
1 EL Mandellikör
100 g gestiftelte Mandeln
2 EL Puderzucker

ZUSÄTZLICH:

1 runde Silikonform (Ø 26 cm)
etwas Fett für die Form

1. Die Form leicht fetten. Zum Vorbereiten die Mandelmilch in einem kleinen Topf erhitzen. Butter in einem zweiten Topf zerlassen. Beides leicht abkühlen lassen.

2. Den Backofen vorheizen.
Ober-/Unterhitze: etwa 150 °C
(Heißluft nicht geeignet)

3. Für den Teig Eiweiß mit Salz in einer fettfreien Rührschüssel mit einem Mixer (Rührstäbe) auf höchster Stufe sehr steif schlagen. Eigelb zusammen mit Mandelmus und Puderzucker in einer zweiten Rührschüssel mit dem Mixer (Rührstäbe) auf mittlerer Stufe cremig aufschlagen. Lauwarme Butter unterrühren. Mehl mit Mandeln mischen und mit dem Likör auf niedrigster Stufe unterrühren, bis ein glatter Teig entstanden ist. Anschließend mit dem Teigschaber über den Schüsselboden fahren. Mandelmilch in einem dünnen Strahl hinzugießen und dabei mit einem Schneebesen langsam weiterrühren.

4. Eischnee in 3 Portionen mit dem Teigschaber vorsichtig unterheben. Kleine Flocken aus Eischnee sind dabei erwünscht.

5. Den Teig in die vorbereitete Form gießen. Die Form auf einem Backblech in den vorgeheizten Backofen schieben. Den Kuchen **etwa 55 Minuten backen**. Die Oberfläche sollte goldbraun sein und die Mitte des Kuchens noch etwas weich. Die Form aus dem Backofen nehmen, auf einen Kuchenrost stellen und den Kuchen etwa 1 Stunde abkühlen lassen. Dann die Form mindestens 3 Stunden in den Kühlschrank stellen und gleichzeitig mit Backpapier abdecken.

6. Den Kuchen vorsichtig aus der Form lösen.

7. Für die Creme die Sahne mit Sahnesteif mit einem Mixer (Rührstäbe) auf höchster Stufe steif schlagen. Mandelmus mit Mandellikör verrühren und nach und nach unter die Sahne rühren. Mandeln mit Puderzucker mischen und in einer Pfanne ohne Fett unter Rühren goldbraun anrösten. Abkühlen lassen.

8. Mandelcreme wellenartig auf dem Kuchen verteilen. Den äußeren Kuchenrand mit den karamellisierten Mandeln bestreuen.

🕐 Zubereitungszeit: 40 Minuten
Backzeit: etwa 55 Minuten
Abkühl-/Kühlzeit: mind. 4 Stunden
○ Mit Alkohol

🔔 12 Stücke

Pro Stück:
E: 6 g, F. 15 g, Kh: 32 g, kcal: 293

BRATAPFEL-ZIMT-KUCHEN

ZUM VORBEREITEN:

500 ml Milch (3,5 % Fett)
1 Pck. Bourbon-Vanille-Zucker
1 Pck. Saucenpulver
   Vanille-Geschmack, zum Kochen
100 g Butter
8 mittelgroße Äpfel (je etwa 150 g)
100 g Marzipan-Rohmasse
30 g abgezogene gehackte Mandeln
1 EL Orangenlikör

FÜR DEN TEIG:

5 Eiweiß (Größe M)
1 Prise Salz
5 Eigelb (Größe M)
75 g Zucker
½ TL gem. Zimt
75 g Weizenmehl

2 EL Puderzucker

ZUSÄTZLICH:

1 runde Silikonform (Ø 26 cm)
etwas Fett für die Form
1 Rohkost-Reibe

1. Die Form leicht fetten. Zum Vorbereiten die Milch mit Vanille-Zucker und Saucenpulver in einem Topf verrühren, unter Rühren erhitzen und kurz aufkochen lassen. Butter in der Milch zerlassen. Abkühlen lassen.

2. Die Äpfel schälen, evtl. kurz abspülen und abtrocknen. Aus den Äpfeln mit einem Kugelausstecher das Kerngehäuse großzügig entfernen. Marzipan auf der Rohkost-Reibe nicht zu fein reiben, mit Mandeln und Likör verkneten. Die Marzipanmasse in den ausgestochenen Öffnungen verteilen.

3. Den Backofen vorheizen.
Ober-/Unterhitze: etwa 150 °C
(Heißluft nicht geeignet)

4. Für den Teig Eiweiß mit Salz in einer fettfreien Rührschüssel mit einem Mixer (Rührstäbe) auf höchster Stufe sehr steif schlagen. Eigelb zusammen mit Zucker und Zimt in einer zweiten Rührschüssel mit dem Mixer (Rührstäbe) cremig aufschlagen. Mehl auf niedrigster Stufe unterrühren, bis ein glatter Teig entstanden ist. Anschließend mit dem Teigschaber über den Schüssel-

boden fahren. Vanille-Milch in einem dünnen Strahl hinzugeben und dabei mit einem Schneebesen langsam weiterrühren.

5. Eischnee in drei Portionen mit dem Teigschaber vorsichtig unterheben. Kleine Flocken aus Eischnee sind dabei erwünscht.

6. Die Äpfel in die vorbereitete Form setzen. Den Teig vorsichtig in die Form gießen. Die Form auf einem Backblech in den vorgeheizten Backofen schieben. Den Kuchen **etwa 55 Minuten backen**. Die Oberfläche sollte goldbraun sein und die Mitte des Kuchens noch etwas weich.

7. Die Form aus dem Backofen nehmen, auf einen Kuchenrost stellen und den Kuchen etwa 1 Stunde abkühlen lassen. Dann die Form mindestens 3 Stunden in den Kühlschrank stellen und gleichzeitig mit Backpapier abdecken.

8. Kuchen vorsichtig aus der Form lösen. Den Kuchen vor dem Servieren mit Puderzucker bestäuben.

🕐 Zubereitungszeit: 45 Minuten
Backzeit: 55–60 Minuten
Abkühl-/Kühlzeit: mind. 4 ½ Stunden
+ Etwas anspruchsvoller
⟳ Mit Alkohol

🔔 12 Stück

Pro Stück:
E: 6 g, F: 30 g, Kh: 42 g, kcal: 495

PUNSCH-PREISELBEER-TÖRTCHEN

ZUM VORBEREITEN:

1 Vanilleschote, 750 ml Glühwein
1 Stange Zimt, 2 Gewürznelken

FÜR DEN TEIG:

5 Eiweiß (Größe M), 1 Prise Salz
5 Eigelb (Größe M)
185 g Zucker
½ TL gem. Gewürznelken
½ TL gem. Zimt

abger. Schale von ½ Bio-Orange
  (unbehandelt, ungewachst)
155 g Butter
100 g gem. Haselnusskerne
25 g Weizenmehl, 200 g Schlagsahne

FÜR DAS TOPPING:

5 Blatt weiße Gelatine
330 g Wild-Preiselbeeren (a. d. Glas)
250 g Schlagsahne (mind. 30 % Fett)

1 Pck. Sahnesteif
1 Zimtstange

ZUSÄTZLICH:

1 Auflaufform (20 x 30 cm)
etwas Fett für die Form
Backpapier
Keks-/Garnier-Ausstecher rund
  (Ø 5 cm, Höhe 5 cm)
Spritzbeutel mit Lochtülle (Ø 10 mm)

1. Die Vanilleschote längs aufschneiden und das Mark herausschaben. Den Glühwein mit Zimt, Nelken, Vanilleschote und -mark erhitzen und bei mittlerer Hitze auf etwa 400 ml einkochen lassen. Abkühlen lassen, Gewürze entfernen und 4 Esslöffel für das Topping beiseitestellen. Die Auflaufform leicht fetten. Backpapier passend zuschneiden und die Form damit auslegen.

2. Den Backofen vorheizen.
Ober-/Unterhitze: etwa 150 °C
(Heißluft ist nicht geeignet)

3. Für den Teig Eiweiß mit Salz in einer fettfreien Rührschüssel mit einem Mixer (Rührstäbe) auf höchster Stufe sehr steif schlagen. Eigelb zusammen mit Zucker, Nelken, Zimt und Orangenschale in einer zweiten Rührschüssel mit dem Mixer (Rührstäbe) cremig aufschlagen. Die Butter in einem kleinen Topf zerlassen, kurz abkühlen lassen. Lauwarme Butter unter ständigem Rühren langsam zur Eigelbmasse gießen. Haselnusskerne mit Mehl gut vermischen und in zwei Portionen auf niedrigster Stufe unterrühren, bis ein glatter Teig entstanden ist. Anschließend mit einem Teigschaber über den Schüsselboden fahren. Glühwein mit der Sahne verrühren und in einem dünnen Strahl zum Teig hinzugießen und

dabei mit einem Schneebesen langsam unterrühren. Zum Schluss den Eischnee in drei Portionen mit dem Teigschaber vorsichtig unterheben. Kleine Flocken aus Eischnee sind erwünscht.

4. Den Teig in die Auflaufform füllen und auf einem Backblech in den vorgeheizten Backofen schieben. Kuchen **55–60 Minuten backen**. Die Oberfläche sollte goldbraun sein, die Mitte des Kuchens noch etwas weich. Die Form auf einen Kuchenrost stellen. Den Kuchen etwa 1 Stunde abkühlen lassen, dann mindestens 3 Stunden in den Kühlschrank stellen. Mit Backpapier abdecken.

5. Den Kuchen vorsichtig aus der Form heben. Gelatine in kaltem Wasser nach Packungsanleitung einweichen. Gelatine ausdrücken und mit 2 Esslöffeln Preiselbeeren in einem Topf bei schwacher Hitze unter Rühren auflösen, mit den restlichen Preiselbeeren vermischen und auf dem Kuchen glatt verstreichen. Kuchen weitere 30 Minuten in den Kühlschrank stellen. Dann 12 Törtchen ausstechen. Die Sahne mit dem beiseitegestellten Glühwein und Sahnesteif mit dem Mixer (Rührstäbe) steif schlagen, in den Spritzbeutel füllen und Tupfen aufspritzen und mit Zimt garnieren.

🕐 Zubereitungszeit: 30 Minuten
Backzeit: etwa 25 Minuten
Abkühl-/Kühlzeit: mind. 3 Stunden
🔴 Mit Alkohol

🔔 12 Stück

Pro Stück:
E: 6 g, F: 26 g, Kh: 27 g, kcal: 368

MARZIPAN-AMARETTO-TÖRTCHEN

FÜR DEN TEIG:

300 ml Mandeldrink
75 g Schlagsahne
3 Eiweiß (Größe M)
1 Prise Salz
25 g Marzipan-Rohmasse
3 Eigelb (Größe M)
100 g Zucker
2 EL Amarettosirup
110 g Butter

40 g Weizenmehl
45 g abgezogene gem. Mandeln

FÜR DAS TOPPING:

150 g Marzipan-Rohmasse
250 g Mascarpone (ital. Frischkäse)
150 g Joghurt (3,5 % Fett)
3 EL Amarettosirup
30 g Amarettini
etwas Kakaopulver

ZUSÄTZLICH:

1 Silikon-Muffinform für 12 Muffins
    oder 12 einzelne Silikon-Muffin-
    förmchen
etwas Fett für die Form
Schöpfkelle
Keks-Ausstecher, rund oder
    in Blütenform (Ø 5 cm)
Spritzbeutel mit Sterntülle
    (Ø 10 mm)

1. Den Backofen vorheizen.
Ober-/Unterhitze: etwa 150 °C
(Heißluft ist nicht geeignet)

2. Die Muffinform leicht fetten. Für den Teig den Mandeldrink mit der Sahne leicht erwärmen. Eiweiß mit Salz in einer fettfreien Rührschüssel mit einem Mixer (Rührstäbe) auf höchster Stufe sehr steif schlagen. Marzipan in kleine Stücke schneiden. Eigelb zusammen mit Zucker, Marzipanstücken und Amarettosirup in einer zweiten Rührschüssel mit dem Mixer (Rührstäbe) cremig aufschlagen. Die Butter zerlassen und kurz abkühlen lassen. Die lauwarme Butter unter ständigem Rühren langsam zur Eigelbmasse gießen. Das Mehl mit den Mandeln mischen und in zwei Portionen auf niedrigster Stufe unterrühren, bis ein glatter Teig entstanden ist. Anschließend mit einem Teigschaber über den Schüsselboden fahren. Dann den Mandel-Sahne-Drink in einem dünnen Strahl zum Teig hinzugießen und dabei mit einem Schneebesen langsam unterrühren. Zum Schluss den Eischnee in drei Portionen mit dem Teigschaber vorsichtig unterheben. Kleine Flocken aus Eischnee sind dabei erwünscht.

3. Den Teig mit der Schöpfkelle bis zum Rand in die Mulden der Muffinform füllen und die Form auf einem Backblech in den vorgeheizten Backofen schieben. Die Törtchen **etwa 25 Minuten backen**. Die Mitte der Törtchen sollte noch etwas weich sein.

4. Die Muffinform auf einen Kuchenrost stellen. Die Törtchen etwa 1 Stunde abkühlen lassen. Dann die Form mindestens 2 Stunden in den Kühlschrank stellen und gleichzeitig mit Backpapier abdecken.

5. Für das Topping die Marzipan-Rohmasse etwa 3 mm dünn zwischen zwei Lagen Frischhaltefolie ausrollen. Mit dem Keks-Ausstecher Kreise oder Blumen ausstechen. Die Törtchen aus der Form heben. Einen Marzipantaler oder eine Blume auf jedes Törtchen setzen. Mascarpone mit Joghurt und Amarettosirup glatt rühren, in den Spritzbeutel füllen und jeweils einen dicken Tupfen aufspritzen. Amarettini grob zerbröseln und auf die Mascarponetupfen streuen. Mit Kakao bestäuben.

⏱ Zubereitungszeit: 45 Minuten
Backzeit: 25–30 Minuten
Abkühl-/Kühlzeit: mind. 3 Stunden

🔔 12 Stück

Pro Stück:
E: 7 g, F. 22 g, Kh: 30 g, kcal: 352

NEAPOLITANO-TÖRTCHEN

ZUM VORBEREITEN:
100 g Vollmilch-Schokolade
400 ml Milch (3,5 % Fett)

FÜR DEN TEIG:
4 Eiweiß (Größe M), 1 Prise Salz
4 Eigelb (Größe M)
125 g Zucker
120 g Butter
100 g Weizenmehl
2 gestr. TL gesiebtes Kakaopulver

FÜR DAS TOPPING:
3 Blatt weiße Gelatine
150 g Himbeeren
2 EL Himbeerkonfitüre ohne Kerne
125 g Vanillepudding (Fertigprodukt
    aus dem Kühlregal)
125 g Doppelrahm-Frischkäse
1 Pck. Bourbon-Vanille-Zucker
1 Btl. Gelatine fix, 125 g Schlagsahne
je 2 EL ger. weiße und Zartbitter-
    Kuvertüre

ZUSÄTZLICH:
1 Silikon-Muffinform für 12 Muffins
    oder 12 einzelne Silikon-Muffin-
    förmchen
etwas Fett für die Form
Schöpfkelle
Spritzbeutel mit Sterntülle
    (Ø 10 mm)

1. Die Schokolade in Stücke brechen und mit der Milch in einem Topf unter Rühren erwärmen, bis sie geschmolzen ist. Abkühlen lassen. Die Form leicht fetten.

2. Den Backofen vorheizen.
Ober-/Unterhitze: etwa 150 °C
(Heißluft ist nicht geeignet)

3. Für den Teig Eiweiß mit Salz in einer fettfreien Rührschüssel mit einem Mixer (Rührstäbe) auf höchster Stufe sehr steif schlagen. Eigelb zusammen mit Zucker in einer zweiten Rührschüssel mit dem Mixer (Rührstäbe) cremig aufschlagen. Die Butter in einem kleinen Topf zerlassen, kurz abkühlen lassen. Lauwarme Butter unter ständigem Rühren langsam zur Eigelbmasse gießen. Mehl mit Kakao mischen und in zwei Portionen auf niedrigster Stufe unterrühren, bis ein glatter Teig entstanden ist. Anschließend mit einem Teigschaber über den Schüsselboden fahren. Lauwarme Schokoladenmilch in einem dünnen Strahl hinzugießen und dabei mit einem Schneebesen langsam unterrühren. Zum Schluss den Eischnee in drei Portionen mit einem Schneebesen unterheben. Kleine Flocken aus Eischnee sind erwünscht.

4. Teig mit einer Schöpfkelle bis zum Rand in die Mulden der Muffinform füllen. Darauf achten, dass Eischnee und flüssiger Teig gleichmäßig verteilt wird. Muffinform auf einem Backblech in den vorgeheizten Backofen schieben, **25–30 Minuten backen.** Die Mitte der Törtchen sollte noch etwas weich sein. Die Muffinform auf einen Kuchenrost stellen. Die Törtchen etwa 1 Stunde abkühlen lassen, dann mindestens 2 Stunden in den Kühlschrank stellen und mit Backpapier abdecken.

5. Für das Topping Gelatine nach Packungsanleitung einweichen. Himbeeren verlesen und mit Konfitüre fein pürieren. Die Törtchen aus der Form lösen und auf eine Kuchenplatte setzen. Gelatine ausdrücken und mit 2 Esslöffeln Himbeerpüree in einem Topf bei schwacher Hitze unter Rühren auflösen. Restliches Himbeerpüree unterrühren und auf den Törtchen verteilen. Etwa 30 Minuten in den Kühlschrank stellen. Pudding und Frischkäse mit Vanille-Zucker zu einer glatten Creme verrühren. Sahne mit dem Mixer (Rührstäbe) steif schlagen, dabei Gelatine fix einrieseln lassen. Sahne unter die Creme heben, in den Spitzbeutel füllen und Törtchen verzieren. Mit Kuvertüre bestreuen.

⏱ Zubereitungszeit: 35 Minuten
Backzeit: etwa 25 Minuten
Abkühl-/Kühlzeit: mind. 3 Stunden

🔔 12 Stück

Pro Stück:
E: 5 g, F: 19 g, Kh: 28 g, kcal: 307

SCHWARZWÄLDER-KIRSCH-TÖRTCHEN

FÜR DEN TEIG:

3 Eiweiß (Größe M)
1 Prise Salz
3 Eigelb (Größe M)
100 g Zucker
1 Pck. Bourbon-Vanille-Zucker
110 g Butter
75 g Weizenmehl
2 gestr. TL gesiebtes Kakaopulver
375 ml Kakaomilch (3,8 % Fett)
150 g abgetropfte Sauerkirschen
(aus dem Glas)

FÜR DAS TOPPING:

200 g Schlagsahne
50 g Amarena-Kirschen
etwas Amarena-Sirup (aus dem Glas)
150 g Zartbitter Kuvertüre
(etwa 50 % Kakaoanteil)

ZUSÄTZLICH:

1 Silikon-Muffinform für 12 Muffins
oder 12 einzelne Silikon-Muffin-
förmchen
etwas Fett für die Form
Schöpfkelle
Spritzbeutel mit Sterntülle (Ø 5 mm)

---

1. Die Muffinform leicht fetten.

2. Den Backofen vorheizen.
Ober-/Unterhitze: etwa 150 °C
(Heißluft ist nicht geeignet)

3. Für den Teig Eiweiß mit Salz in einer fettfreien Rühr-schüssel mit einem Mixer (Rührstäbe) auf höchster Stufe sehr steif schlagen. Eigelb zusammen mit Zucker und Vanille-Zucker in einer zweiten Rührschüssel mit dem Mixer (Rührstäbe) cremig aufschlagen. Die Butter in einem kleinen Topf zerlassen und kurz abkühlen lassen. Die lauwarme Butter unter ständigem Rühren langsam zur Eigelbmasse gießen. Mehl mit Kakao mischen und in zwei Portionen auf niedrigster Stufe unterrühren, bis ein glatter Teig entstanden ist. Anschließend mit einem Teigschaber über den Schüsselboden fahren. Dann die Kakaomilch in einem dünnen Strahl zum Teig hinzugie-ßen und dabei mit einem Schneebesen langsam unter-rühren. Zum Schluss den Eischnee in drei Portionen mit dem Teigschaber vorsichtig unterheben. Kleine Flocken aus Eischnee sind dabei erwünscht.

4. Die Muffinform auf ein Backblech stellen. Kirschen in den Mulden der Form verteilen. Den Teig mit einer Schöpfkelle jeweils bis zum Rand der Mulden in die Muffinform einfüllen. Darauf achten, dass überall gleich-mäßig Eischnee und flüssiger Teig verteilt wird. Das Backblech in den vorgeheizten Backofen schieben. Die Törtchen **etwa 25 Minuten backen**. Die Törtchen sollten in der Mitte jeweils noch etwas weich sein.

5. Die Muffinform auf einen Kuchenrost stellen. Die Törtchen etwa 1 Stunde abkühlen lassen. Dann die Form mindestens 2 Stunden in den Kühlschrank stellen und gleichzeitig mit Backpapier abdecken.

6. Für das Topping Sahne mit dem Mixer (Rührstäbe) auf höchster Stufe steif schlagen. Die Törtchen vorsichtig aus der Form lösen. Steif geschlagene Sahne in den Spritz-beutel füllen und jeweils einen Tupfen aufspritzen. Mit Amarena-Kirschen belegen und mit etwas Sirup beträu-feln. Mit einem scharfen Messer über die glatte Seite der Kuvertüre schaben und so Schokospäne ablösen. Die Törtchen damit garnieren.

Zubereitungszeit: 35 Minuten
Backzeit: etwa 55 Minuten
Abkühl-/Kühlzeit: mind. 4 Stunden
+ Etwas anspruchsvoller

🔔 12 Stück

Pro Stück:
E: 5 g, F: 15 g, Kh: 27 g, kcal: 264

ZITRONE-BLAUBEER-MINIS

FÜR DEN TEIG:

4 Eiweiß (Größe M)
1 Prise Salz
4 Eigelb (Größe M)
100 g Zucker
50 g Lemoncurd oder Zitronengelee
   (aus dem Glas)
1 Röhrchen Backaroma Zitrone
abger. Schale von 1 Bio-Zitrone
   (unbehandelt, ungewachst)
120 g Butter

90 g Weizenmehl
400 ml Milch (3,5 % Fett)
Saft von 1 Bio-Zitrone
   (unbehandelt, ungewachst)
150 g frische Blaubeeren

FÜR DAS TOPPING:

150 g Schlagsahne (mind. 30 % Fett)
30 g Baiser (Tropfen)
½ Pck. Zitronenglasur (60 g)

ZUSÄTZLICH:

1 Auflaufform (20 x 30 cm)
etwas Fett für die Form
Backpapier
Keks-/ Garnier-Ausstecher rund
   (Ø 5 cm, Höhe 5 cm)

1. Die Auflaufform leicht fetten. Backpapier passend zuschneiden und die Form damit auslegen. Der Kuchen kann so später leichter herausgehoben werden.

2. Den Backofen vorheizen.
Ober-/Unterhitze: etwa 150 °C
(Heißluft ist nicht geeignet)

3. Für den Teig Eiweiß mit Salz in einer fettfreien Rührschüssel mit einem Mixer (Rührstäbe) auf höchster Stufe sehr steif schlagen. Eigelb zusammen mit Zucker, Lemoncurd oder Gelee, Backaroma und Zitronenschale in einer zweiten Rührschüssel mit dem Mixer (Rührstäbe) cremig aufschlagen. Die Butter in einem kleinen Topf zerlassen und kurz abkühlen lassen. Die lauwarme Butter unter ständigem Rühren langsam zur Eigelbmasse gießen. Das Mehl in zwei Portionen auf niedrigster Stufe unterrühren, bis ein glatter Teig entstanden ist. Anschließend mit einem Teigschaber über den Schüsselboden fahren. Dann Milch und Zitronensaft verrühren und in einem dünnen Strahl zum Teig hinzugießen und dabei mit einem Schneebesen langsam unterrühren. Zum Schluss den Eischnee in drei Portionen mit einem Schneebesen

vorsichtig unterheben. Kleine Flocken aus Eischnee sind dabei erwünscht.

4. Blaubeeren kurz abspülen und trocken tupfen. Die Hälfte der Blaubeeren in der vorbereiteten Auflaufform verteilen und den Teig daraufgeben. Die Form auf einem Backblech in den vorgeheizten Backofen schieben. Den Kuchen **55 Minuten backen.** Die Oberfläche sollte goldbraun sein und die Mitte des Kuchens noch etwas weich.

5. Die Auflaufform auf einen Kuchenrost stellen. Den Kuchen etwa 1 Stunde abkühlen lassen. Dann die Form mindestens 3 Stunden in den Kühlschrank stellen und gleichzeitig mit Backpapier abdecken.

6. Aus dem Kuchen mit dem Ausstecher 12 Törtchen ausstechen. Für das Topping die Sahne mit dem Mixer (Rührstäbe) auf höchster Stufe steif schlagen. Baiser grob zerbröseln. Zitronenglasur im Wasserbad nach Packungsanleitung schmelzen. Auf jedes Törtchen etwas Sahne streichen, darauf Baiserbrösel und restliche Blaubeeren häufen und mit der flüssigen Zitronenglasur streifig überziehen. Guss trocknen lassen.

🕐 Zubereitungszeit: 30 Minuten
Backzeit: etwa 30 Minuten
Abkühl- und Abkühl-/Kühlzeit:
mind. 3 Stunden

🔔 12 Stück

Pro Stück:
E: 4 g, F: 17 g, Kh: 22 g, kcal: 263

SCHOKO-BIRNEN-TÖRTCHEN

ZUM VORBEREITEN:

4 abgetropfte Birnenhälften
    (aus der Dose, etwa 200 g)
300 ml Milch (3,5 % Fett)
50 g Zartbitter-Raspelschokolade
110 g Butter

FÜR DEN TEIG:

3 Eiweiß (Größe M), 1 Prise Salz
3 Eigelb (Größe M)
100 g Rohrzucker

2 Tropfen Bitter-Mandel-Aroma
    (aus dem Röhrchen)
1 EL Nuss-Nougat-Creme
    (aus dem Glas)
2 TL gesiebtes Kakaopulver
75 g Weizenmehl

FÜR DIE CREME:

150 g Schlagsahne (mind. 30 % Fett)
1 Pck. Sahnesteif
1 EL Ahornsirup

50 g Crème fraîche
1 Bio-Birne (unbehandelt,
    z. B. Williams Christ)

ZUSÄTZLICH:

1 Silikon-Muffinform für 12 Muffins
    oder 12 einzelne Silikon-Muffin-
    förmchen
Schöpfkelle
etwas Fett für die Form
Spritzbeutel mit Lochtülle (Ø 10 mm)

1. Die Mulden der Muffinform leicht fetten. Zum Vorbereiten Birnenhälften längs halbieren und klein würfeln. Die Milch erhitzen. Raspelschokolade darin unter Rühren schmelzen. Butter in einem kleinen Topf zerlassen, alles abkühlen lassen.

2. Den Backofen vorheizen.
Ober-/ Unterhitze: etwa 150 °C
(Heißluft nicht geeignet)

3. Für den Teig Eiweiß mit Salz in einer fettfreien Rührschüssel mit einem Mixer (Rührstäbe) auf höchster Stufe sehr steif schlagen. Eigelb zusammen mit Rohrzucker, Bitter-Mandel-Aroma und Nougatcreme in einer zweiten Rührschüssel mit dem Mixer (Rührstäbe) auf mittlerer Stufe cremig aufschlagen. Die lauwarme Butter unter ständigem Rühren langsam zur Eigelbmasse gießen.

4. Kakao mit Mehl mischen und auf niedrigster Stufe unterrühren, bis ein glatter Teig entstanden ist. Anschließend mit dem Teigschaber über den Schüsselboden fahren. Schokomilch in einem dünnen Strahl zum Teig hinzugießen und dabei mit einem Schneebesen langsam unterrühren. Zum Schluss den Eischnee in drei Portionen mit dem Teigschaber vorsichtig unterheben. Kleine Flocken aus Eischnee sind dabei erwünscht.

5. Birnenwürfel in den Mulden der Muffinform verteilen. Den Teig mit einer Schöpfkelle jeweils bis zum Rand der Mulden in die Muffinform einfüllen. Darauf achten, dass überall gleichmäßig Eischnee und flüssiger Teig verteilt wird. Form auf dem Backblech in den vorgeheizten Backofen schieben. Die Törtchen **etwa 30 Minuten backen**. Die Törtchen sollten in der Mitte jeweils noch etwas weich sein. Die Form aus dem Backofen nehmen und auf einen Kuchenrost stellen. Die Törtchen etwa 1 Stunde abkühlen lassen, dann mit Backpapier abgedeckt mindestens 2 Stunden in den Kühlschrank stellen.

6. Die Törtchen aus den Mulden lösen und auf eine Platte setzen. Für die Creme Sahne mit Sahnesteif auf höchster Stufe steif schlagen. Ahornsirup und Crème fraîche unter Rühren hinzugeben. Creme in Spritzbeutel geben und Tupfen aufspritzen. Die Birne heiß abwaschen, abtrocknen, halbieren und entkernen. Birne in sehr dünne Spalten schneiden. Die Törtchen mit den Birnenspalten garnieren.

🕐 Zubereitungszeit: 20 Minuten
  Backzeit: etwa 55–60 Minuten
  Abkühl-/Kühlzeit: mind. 4 Stunden
+ Etwas anspruchsvoller

🔔 12 Stück

Pro Stück:
E: 8 g, F: 20 g, Kh: 28 g, kcal: 327

ERDNUSS-SCHOKO-TÖRTCHEN

ZUM VORBEREITEN:
135 g Butter
25 g cremige Erdnussbutter

FÜR DEN TEIG:
5 Eiweiß (Größe M)
1 Prise Salz
5 Eigelb (Größe M)
185 g Zucker, 145 g Weizenmehl

625 ml Milch (3,5 % Fett)
75 g abgezogene halbierte
  Erdnusskerne

FÜR DIE GANACHE:
100 g Zartbitter-Schokolade
  (mind. 70 % Kakaogehalt)
70 g Konditorsahne (35 % Fett)

ZUSÄTZLICH:
1 Auflaufform (20 × 30 cm)
etwas Fett für die Form
Backpapier
Keks-/Garnierer-Ausstecher rund
  (Ø 5 cm, Höhe 5 cm)
Spritzbeutel mit Sterntülle (Ø 5 mm)

---

1. Den Backofen vorheizen.
Ober-/Unterhitze: etwa 150 °C
(Heißluft ist nicht geeignet)

2. Auflaufform leicht fetten. Backpapier passend zuschneiden und die Form damit auslegen. Zum Vorbereiten die Butter und Erdnussbutter zusammen in einem kleinen Topf zerlassen, verrühren und abkühlen lassen.

3. Für den Teig Eiweiß mit dem Salz in einer fettfreien Rührschüssel mit einem Mixer (Rührstäbe) auf höchster Stufe sehr steif schlagen. Eigelb mit Zucker in einer zweiten Rührschüssel mit dem Mixer (Rührstäbe) cremig aufschlagen. Die lauwarme Buttermischung unter ständigem Rühren langsam zur Eigelbmasse gießen. Dann das Mehl in zwei Portionen auf niedrigster Stufe unterrühren, bis ein glatter Teig entsteht. Mit einem Teigschaber über den Schüsselboden fahren. Danach in einem dünnen Strahl die Milch zum Teig hinzugießen und dabei mit einem Schneebesen langsam unterrühren. Zum Schluss den Eischnee in drei Portionen mit dem Teigschaber vorsichtig unterheben. Kleine Flocken aus Eischnee sind dabei erwünscht.

4. Von den Erdnüssen 50 g auf dem Boden der Backform verteilen. Den Teig in die vorbereitete Auflaufform füllen und die restlichen Erdnüsse darüberstreuen. Die Form auf einem Backblech in den vorgeheizten Backofen schieben und **55–60 Minuten backen**. Die Oberfläche sollte goldbraun sein und die Mitte des Kuchens noch etwas weich.

5. In der Zwischenzeit für die Ganache die Schokolade fein hacken und in eine Schüssel füllen. Die Sahne in einem Topf erhitzen, ohne sie aufkochen zu lassen. Die heiße Sahne über die Schokolade gießen und diese 1–2 Minuten stehen lassen. Dann langsam rühren, bis sich die Schokolade komplett in der Sahne gelöst hat. Schokoladen-Sahne-Mischung abdecken und beiseitestellen.

6. Den Kuchen aus dem Backofen nehmen, auf einen Kuchenrost stellen und etwa 1 Stunde abkühlen lassen. Dann die Form für mindestens 3 in den Kühlschrank stellen und gleichzeitig mit Backpapier abdecken.

7. Den Kuchen mit dem Backpapier aus der Form heben. Mit dem Ausstecher kleine Törtchen ausstechen. Für die Garnierung die Ganache in den Spritzbeutel füllen und die Törtchen damit dekorieren. Sollte die Ganache zu fest oder zu flüssig sein, kann sie entweder ganz kurz erwärmt werden oder für einige Zeit in den Kühlschrank gestellt werden. Ganache fest werden lassen.

Zubereitungszeit: 35 Minuten
Backzeit: etwa 25 Minuten
Abkühl-/Kühlzeit: mind. 2 Stunden

8 Gläser

Pro Glas:
E: 9 g, F: 33 g, Kh: 41 g, kcal: 496

NEW-YORK-CHEESECAKE-DESSERT

ZUM VORBEREITEN:
100 g Schokoladen-Cookies
100 g Vollmilch-Kuvertüre
200 g Schlagsahne

FÜR DEN TEIG:
3 Eiweiß (Größe M), 1 Prise Salz
3 Eigelb (Größe M)

100 g Zucker
1 Pck. Bourbon-Vanille-Zucker
1 TL abger. Schale von 1 Bio-Zitrone
    (unbehandelt, ungewachst)
120 g Doppelrahm-Frischkäse
95 g Butter
90 g Weizenmehl
375 ml Milch (3,5 % Fett)

ZUSÄTZLICH:
8 ofenfeste Gläser
    (je etwa 160 ml Inhalt)
etwas neutrales Speiseöl
    für die Gläser

1. Zum Vorbereiten die Cookies in einen Gefrierbeutel füllen, Beutel fest verschließen. Cookies mit einer Teigrolle fein zerbröseln. 2 Esslöffel von den Bröseln beiseitestellen. Kuvertüre fein hacken. Die Sahne in einem Topf erhitzen. Kuvertüre darin unter Rühren schmelzen. Kuvertüre-Sahne-Masse gut zu einer glatten Masse verrühren und abkühlen lassen. Anschließend zugedeckt in den Kühlschrank stellen.

2. Den Backofen vorheizen.
Ober-/Unterhitze: etwa 150 °C
(Heißluft ist nicht geeignet)

3. Die Gläser innen dünn mit Speiseöl ausstreichen. Keksbrösel in den Gläsern verteilen und mit einem Teelöffel leicht andrücken.

4. Für den Teig Eiweiß mit Salz in einer fettfreien Rührschüssel mit einem Mixer (Rührstäbe) auf höchster Stufe sehr steif schlagen. Eigelb zusammen mit dem Zucker, Vanille-Zucker und der Zitronenschale in einer zweiten Rührschüssel mit dem Mixer (Rührstäbe) cremig aufschlagen. Frischkäse hinzugeben und alles zu einer glatten Masse verrühren. Die Butter in einem kleinen Topf zerlassen und kurz abkühlen lassen. Die lauwarme Butter unter ständigem Rühren langsam zur Eigelbmasse gießen. Das Mehl in zwei Portionen auf niedrigster Stufe unterrühren, bis ein glatter Teig entstanden ist. Anschließend mit einem Teigschaber über den Schüsselboden fahren. Die Milch in einem dünnen Strahl hinzugießen und und dabei mit einem Schneebesen langsam unterrühren. Zum Schluss den Eischnee in drei Portionen mit dem Teigschaber vorsichtig unterheben. Kleine Flocken aus Eischnee sind dabei erwünscht.

5. Den Teig in die vorbereiteten Gläser füllen. Dabei darauf achten, dass überall gleichmäßig Eischnee und flüssiger Teig verteilt wird. Die Gläser auf einem Backblech in den vorgeheizten Backofen schieben. Die Dessert-Kuchen **etwa 23 Minuten backen.** Anschließend den Backofengrill einschalten. Die Dessert-Kuchen **etwa 2 Minuten kurz überbacken,** bis die Oberfläche goldbraun ist.

6. Die Gläser auf einen Kuchenrost stellen und die Kuchen etwa 1 Stunde abkühlen lassen. Dann die Gläser mindestens 1 Stunde in den Kühlschrank stellen und gleichzeitig mit Backpapier abdecken.

7. Die Schokosahne mit dem Mixer (Rührstäbe) zu einer dicken Creme aufschlagen. Auf jeden Dessert-Kuchen einen Klecks Schokosahne geben und mit den beiseitegestellten Keksbröseln bestreuen.

🕐 Zubereitungszeit: 30 Minuten
Backzeit: 25–30 Minuten
Abkühl-/Kühlzeit: mind. 2 Stunden
🜋 Mit Alkohol

🔔 6 Gläser

Pro Glas:
E: 8 g, F: 23 g, Kh: 54 g, kcal: 464

VANILLE-APFEL-ZAUBER MIT CALVADOS

ZUM VORBEREITEN:

3 Äpfel (etwa 600 g, z. B. Elstar)
50 g Gelierzucker 3 : 1
   (2 gehäufte EL)
1 EL Zitronensaft
400 ml Vanillemilch
75 g Butter

FÜR DEN TEIG:

3 Eiweiß (Größe M)
1 Prise Salz
3 Eigelb (Größe M)
75 g Zucker
75 g Weizenmehl

FÜR DIE CALVADOS-SAHNE:

150 g Schlagsahne (mind. 30 % Fett)
1 TL Sahnesteif

1 Pck. Vanillin-Zucker
1 EL Calvados

ZUSÄTZLICH:

6 ofenfeste Gläser
   (je etwa 220 ml Inhalt)
etwas neutrales Speiseöl
   für die Gläser
Einmal-Spritzbeutel
   (mit Sterntülle Ø 10 mm)

1. Die Gläser innen dünn mit Speiseöl ausstreichen. Zum Vorbereiten die Äpfel schälen, vierteln und das Kerngehäuse jeweils herausschneiden. Apfelviertel quer in dünne Scheibchen schneiden. Gelierzucker mit Zitronensaft und 2 Esslöffeln Wasser in einem Topf erhitzen. Apfelscheibchen hinzugeben und etwa 3 Minuten bei mittlerer Hitze dünsten. Abkühlen lassen. Vanillemilch erhitzen, die Butter darin zerlassen. Abkühlen lassen.

2. Den Backofen vorheizen
Ober-Unterhitze: etwa 150 °C
(Heißluft nicht geeignet)

3. Für den Teig Eiweiß mit Salz in einer fettfreien Rührschüssel mit einem Mixer (Rührstäbe) auf höchster Stufe sehr steif schlagen. Eigelb mit Zucker in einer zweiten Rührschüssel mit dem Mixer (Rührstäbe) auf höchster Stufe cremig aufschlagen. Mehl in zwei Portionen auf niedrigster Stufe unterrühren, bis ein glatter Teig entstanden ist. Anschließend mit dem Teigschaber über den Schüsselboden fahren. Vanillemilch in einem dünnen Strahl zum Teig hinzugießen und dabei mit einem Schneebesen langsam unterrühren.

4. Zum Schluss Eischnee in 3 Portionen mit dem Teigschaber vorsichtig unterheben. Kleine Flocken aus Eischnee sind dabei erwünscht.

5. Den Teig jeweils bis zu maximal drei Vierteln in die vorbereiteten Gläser füllen. Dabei darauf achten, dass überall gleichmäßig Eischnee und flüssiger Teig verteilt wird. Die Gläser auf einem Backblech in den vorgeheizten Backofen schieben. Die Dessert-Kuchen **25–30 Minuten backen.** Die Dessert-Kuchen im Glas sind fertig, wenn jeweils die obere Schicht goldbraun ist und die Schichten gut zu sehen sind. Die Gläser auf einen Kuchenrost stellen und die Dessert-Kuchen etwa 1 Stunde abkühlen lassen. Dann die Gläser mindestens 1 Stunde in den Kühlschrank stellen und gleichzeitig mit Backpapier abdecken.

6. Für die Calvados-Sahne Sahne mit Sahnesteif und Vanillin-Zucker mit dem Mixer (Rührstäbe) auf höchster Stufe steif schlagen. Calvados unterrühren. Vorbereitete Apfelscheiben auf den Kuchen in den Gläsern verteilen. Calvados-Sahne in den Spritzbeutel geben und Rosetten auf die Vanille-Apfelkuchen spritzen.

🕐 Zubereitungszeit: 25 Minuten
Backzeit: etwa 30 Minuten
Abkühl-/Kühlzeit: mind. 2 Stunden

🔔 6 Gläser

Pro Glas:
E: 5 g, F: 14 g, Kh: 24 g, kcal: 248

PANNA COTTA MIT JOHANNISBEEREN

ZUM VORBEREITEN:

300 g frische Johannisbeeren

FÜR DEN TEIG:

200 ml Milch (3,5 % Fett)
200 g Sahne
1 Vanilleschote
4 Eiweiß (Größe M)
1 Prise Salz
2 Eigelb (Größe M)
75 g Zucker
1 Pck. Sahne-Puddingpulver
(zum Kochen, für 500 ml
Flüssigkeit)

ZUSÄTZLICH:

6 ofenfeste Gläser,
(je etwa 220 ml Inhalt)
etwas neutrales Speiseöl
für die Gläser
1 Stück Alufolie
Puderzucker zum Bestäuben

1. Den Backofen vorheizen.
Ober-Unterhitze: etwa 150 °C
(Heißluft ist nicht geeignet)

2. Die Gläser innen dünn mit Speiseöl ausstreichen. Zum Vorbereiten Johannisbeeren waschen, trocken tupfen und mit einer Gabel von den Rispen streifen. Einige Rispen zum Garnieren beiseitelegen.

3. Für den Teig die Milch mit Sahne in einen Topf geben. Vanilleschote längs aufschneiden und das Mark mit einem Messerrücken herausschaben. Vanilleschote und -mark in die Sahnemilch geben und bei schwacher Hitze 10 Minuten ziehen lassen. Abkühlen lassen.

4. Das Eiweiß mit 1 Prise Salz in einer fettfreien Rührschüssel mit dem Mixer (Rührstäbe) auf höchster Stufe sehr steif schlagen.

5. Eigelb zusammen mit Zucker und Sahne-Puddingpulver zusammen in einer zweiten Rührschüssel cremig aufschlagen.

6. Vanilleschotenhälften aus der Sahnemilch entfernen. Sahnemilch in einem dünnen Strahl zum Teig hinzugießen und dabei mit einem Schneebesen langsam unterrühren. Zum Schluss den Eischnee in drei Portionen mit einem Teigschaber vorsichtig unterheben. Kleine Flocken aus Eischnee sind dabei erwünscht.

7. Den Teig in die vorbereiteten Gläser (nicht ganz bis zum Rand) füllen. Dabei darauf achten, dass überall gleichmäßig Eischnee und flüssiger Teig verteilt wird.

8. Gläser auf einem Backblech in den vorgeheizten Ofen schieben. Die Gläser mit Alufolie abdecken, damit die Oberfläche nicht braun wird und **etwa 30 Minuten backen**.

9. Die Gläser aus dem Backofen nehmen, auf einen Kuchenrost stellen und etwa 1 Stunde abkühlen lassen. Dann die Gläser mind. 1 Stunde in den Kühlschrank stellen und gleichzeitig mit Backpapier abdecken.

10. Vor dem Servieren mit Puderzucker bestäuben und mit beiseitegelegten Johannisbeerrispen garnieren.

⏱ Zubereitungszeit: 25 Minuten
Backzeit: etwa 25 Minuten
Abkühl-/Kühlzeit: mind. 2 Stunden

🔔 8 Gläser

Pro Glas:
E: 7 g, F: 24 g, Kh: 36 g, kcal: 388

MAGIC PFIRSICH MELBA

ZUM VORBEREITEN:
240 g gut abgetropfte Pfirsichhälften
    (aus der Dose)
1 Vanilleschote

FÜR DEN TEIG:
3 Eiweiß (Größe M)
1 Prise Salz
3 Eigelb (Größe M)
100 g Zucker

95 g Butter
90 g Weizenmehl
375 ml Milch (3,5 % Fett)

FÜR DAS TOPPING:
30 g gestiftelte Mandeln
200 g frische Himbeeren
3 EL Himbeerkonfitüre
200 g Schlagsahne (mind. 30 % Fett)

ZUSÄTZLICH:
8 ofenfeste Gläser
    (je etwa 160 ml Inhalt)
etwas neutrales Speiseöl
    für die Gläser

1. Den Backofen vorheizen.
Ober-/Unterhitze: etwa 150 °C
(Heißluft ist nicht geeignet)

2. Zum Vorbereiten die Gläser innen dünn mit Speiseöl ausstreichen. Pfirsichhälften klein würfeln und 2 Esslöffel beiseitestellen. Restliche Pfirsichwürfel in den Gläsern verteilen. Die Vanilleschote längs aufschneiden und das Mark mit einem Messerrücken herausschaben.

3. Für den Teig Eiweiß mit Salz in einer fettfreien Rührschüssel mit einem Mixer (Rührstäbe) auf höchster Stufe sehr steif schlagen. Eigelb zusammen mit Zucker und Vanillemark in einer zweiten Rührschüssel mit dem Mixer (Rührstäbe) cremig aufschlagen. Die Butter in einem kleinen Topf zerlassen und kurz abkühlen lassen. Die lauwarme Butter unter ständigem Rühren langsam zur Eigelbmasse gießen.

4. Das Mehl in zwei Portionen auf niedrigster Stufe unterrühren, bis ein glatter Teig entstanden ist. Anschließend mit einem Teigschaber über den Schüsselboden fahren. Die Milch in einem dünnen Strahl hinzugießen und dabei mit einem Schneebesen langsam unterrühren. Zum Schluss Eischnee in drei Portionen mit dem

Teigschaber vorsichtig unterheben. Kleine Flocken aus Eischnee sind dabei erwünscht.

5. Den Teig in die vorbereiteten Gläser füllen. Dabei darauf achten, dass überall gleichmäßig Eischnee und flüssiger Teig verteilt wird. Gläser auf ein Backblech stellen und in den vorgeheizten Backofen schieben. Die Kuchen **etwa 23 Minuten backen.** Dann den Backofengrill einschalten und die Kuchen **etwa 2 Minuten kurz überbacken,** bis die Oberfläche goldbraun ist.

6. Die Gläser auf einen Kuchenrost stellen und die Kuchen etwa 1 Stunde abkühlen lassen. Dann die Gläser mindestens 1 Stunde in den Kühlschrank stellen und die Kuchen mit Backpapier abdecken.

7. Für das Topping die Mandeln in einer Pfanne ohne Fett unter Wenden goldbraun rösten, herausnehmen und abkühlen lassen. Die Himbeeren evtl. verlesen und mit der Konfitüre fein pürieren. Das Himbeerpüree auf den Dessert-Kuchen verteilen. Die Sahne mit dem Mixer (Rührstäbe) auf höchster Stufe steif schlagen. Je einen Klecks Sahne und einige Pfirsichwürfel auf die Kuchen geben und mit den Mandeln bestreuen.

🕐 Zubereitungszeit: 35 Minuten
Backzeit: etwa 25 Minuten
Abkühl-/Kühlzeit: mind. 2 Stunden

🔔 6 Gläser

Pro Glas:
E: 8 g, F: 22 g, Kh: 46 g, kcal: 411

ORANGEN MAGIC MIT KARDAMOM

FÜR DEN TEIG:
3 Eiweiß (Größe M)
1 Prise Salz
3 Eigelb (Größe M)
110 g Zucker
abger. Schale von 1 Bio-Orange
   (unbehandelt, ungewachst)
95 g Butter
90 g Weizenmehl
75 g Schlagsahne
300 ml Orangensaft

FÜR DAS TOPPING:
2 Orangen
2 EL Orangenmarmelade
1 Msp. gem. Kardamom
150 g Orangenquark

ZUSÄTZLICH:
6 ofenfeste Gläser
   (je etwa 220 ml Inhalt)
etwas neutrales Speiseöl
   für die Gläser

1. Den Backofen vorheizen.
Ober-/Unterhitze: etwa 150 °C
(Heißluft ist nicht geeignet)

2. Die Gläser innen dünn mit Speiseöl ausstreichen.

3. Für den Teig Eiweiß mit Salz in einer fettfreien Rührschüssel mit einem Mixer (Rührstäbe) auf höchster Stufe sehr steif schlagen. Eigelb zusammen mit dem Zucker und der Orangenschale in einer zweiten Rührschüssel mit dem Mixer (Rührstäbe) cremig aufschlagen. Die Butter in einem kleinen Topf zerlassen und kurz abkühlen lassen. Die lauwarme Butter unter ständigem Rühren langsam zur Eigelbmasse gießen. Das Mehl in zwei Portionen auf niedrigster Stufe unterrühren, bis ein glatter Teig entstanden ist. Anschließend mit einem Teigschaber über den Schüsselboden fahren.

4. Sahne mit Orangensaft verrühren und in einem dünnen Strahl zum Teig hinzugießen und mit einem Schneebesen langsam unterrühren. Zum Schluss den Eischnee in drei Portionen mit dem Teigschaber vorsichtig unterheben. Kleine Flocken aus Eischnee sind dabei erwünscht.

5. Den Teig in die vorbereiteten Gläser füllen. Dabei darauf achten, dass gleichmäßig Eischnee und flüssiger Teig verteilt wird. Gläser auf einem Backblech in den vorgeheizten Backofen schieben. Die Dessert-Kuchen **etwa 23 Minuten backen**. Backofengrill einschalten und die Dessert-Kuchen **etwa 2 Minuten kurz überbacken,** bis die Oberfläche goldbraun ist.

6. Die Gläser auf einen Kuchenrost stellen und etwa 1 Stunde abkühlen lassen. Dann die Gläser mindestens 1 Stunde in den Kühlschrank stellen.

7. Für das Topping die Orangen filetieren. Dafür von den Orangen jeweils oben und unten einen Deckel abschneiden. Mit einer Schnittfläche auf ein Schneidebrett stellen und die Schale und Innenhaut von oben nach unten in breiten Streifen herunterschneiden. Die Orangenfilets mit einem kleinen, scharfen Messer zwischen den Trennhäuten herausschneiden. Fruchtfleisch-Reste ausdrücken, den Saft dabei auffangen. Saft mit Orangenfilets, Marmelade und Kardamom mischen. Quark auf den Desserts verteilen und die Filets mit etwas Sauce daraufsetzen.

Zubereitungszeit: 25 Minuten
Backzeit: etwa 25 Minuten
Abkühl-/Kühlzeit: mind. 2 Stunden

8 Gläser

Pro Glas:
E: 7 g, F. 14 g, Kh: 44 g, kcal: 311

MAGIC CRÈME BRÛLÉE

FÜR DEN TEIG:

275 ml Milch (3,5 % Fett)
100 g Karamellcreme (aus dem Glas)
3 Eiweiß (Größe M)
1 Prise Salz
3 Eigelb (Größe M)
80 g Zucker
90 g Butter
80 g Weizenmehl
1 TL gesiebtes Kakaopulver

FÜR DAS TOPPING:

250 g Vanillepudding (Fertigprodukt
    aus dem Kühlregal)
60 g brauner Zucker

ZUSÄTZLICH:

8 ofenfeste Gläser
    (je etwa 160 ml Inhalt)
etwas neutrales Speiseöl
    für die Gläser
Flambierbrenner
    (Crème brûlée-Brenner)

1. Für den Teig die Milch mit der Karamellcreme in einem Topf unter Rühren leicht erwärmen, bis die Creme aufgelöst ist. Abkühlen lassen.

2. Den Backofen vorheizen.
Ober-/Unterhitze: etwa 150 °C
(Heißluft ist nicht geeignet)

3. Die Gläser innen dünn mit Speiseöl ausstreichen.

4. Eiweiß mit Salz in einer fettfreien Rührschüssel mit einem Mixer (Rührstäbe) auf höchster Stufe sehr steif schlagen. Eigelb zusammen mit Zucker in einer zweiten Rührschüssel mit dem Mixer (Rührstäbe) cremig aufschlagen. Die Butter in einem kleinen Topf zerlassen und kurz abkühlen lassen. Die lauwarme Butter unter ständigem Rühren langsam zur Eigelbmasse gießen.

5. Mehl mit Kakao mischen und in zwei Portionen auf niedrigster Stufe unterrühren, bis ein glatter Teig entstanden ist. Anschließend mit einem Teigschaber über den Schüsselboden fahren.

6. Die Karamellmilch in einem dünnen Strahl zum Teig hinzugießen und dabei mit einem Schneebesen langsam unterrühren. Zum Schluss den Eischnee in drei Portionen mit einem Schneebesen vorsichtig unterheben. Kleine Flocken aus Eischnee sind dabei erwünscht.

7. Den Teig in die vorbereiteten Gläser füllen. Dabei darauf achten, dass überall gleichmäßig Eischnee und flüssiger Teig verteilt wird. Gläser auf einem Backblech in den vorgeheizten Backofen schieben. Die Dessert-Kuchen **etwa 23 Minuten backen.** Dann den Backofengrill einschalten und die Kuchen **etwa 2 Minuten kurz überbacken,** bis die Oberfläche goldbraun ist.

8. Die Gläser auf einen Kuchenrost stellen und die Kuchen etwa 1 Stunde abkühlen lassen. Dann die Gläser mindestens 1 Stunde in den Kühlschrank stellen und gleichzeitig mit Backpapier abdecken.

9. Für das Topping den Vanillepudding auf den Kuchen in den Gläsern verteilen. Die Oberfläche dick mit braunem Zucker bestreuen und mit dem Flambierbrenner (Crème brûlée-Brenner) karamellisieren oder kurz unter den vorgeheizten Backofengrill stellen, bis der Zucker karamellisiert ist.

🕐 Zubereitungszeit: 40 Minuten
Backzeit: etwa 25 Minuten
Abkühl-/Kühlzeit: mind. 2 Stunden

🔔 8 Gläser

Pro Glas:
E: 15 g, F: 30 g, Kh: 39 g, kcal: 488

SALTED-NUT-KARAMELL-DESSERT

ZUM VORBEREITEN:

80 g abgezogene ganze Mandeln
¼ gestr. TL Salz
80 g Nuss-Cookies

FÜR DEN TEIG:

3 Eiweiß (Größe M), 1 Prise Salz
3 Eigelb (Größe M)
90 g brauner Zucker

90 g Erdnussbutter
30 g Weizenmehl
50 g abgezogene gem. Mandeln
375 ml Milch (3,5 % Fett)

FÜR DAS TOPPING:

50 g brauner Zucker
100 g Schlagsahne
8 Kugeln Vanilleeis

ZUSÄTZLICH:

8 ofenfeste Gläser
(je etwa 160 ml Inhalt)
etwas neutrales Speiseöl
für die Gläser

1. Zum Vorbereiten die Mandeln grob hacken und in einer Pfanne ohne Fett unter Rühren kurz rösten, in eine Schüssel geben und salzen. Die Nuss-Cookies in einen Gefrierbeutel füllen, Beutel fest verschließen. Cookies mit einer Teigrolle fein zerbröseln.

2. Den Backofen vorheizen.
Ober-/Unterhitze: etwa 150 °C
(Heißluft ist nicht geeignet)

3. Gläser innen leicht mit Speiseöl ausstreichen. Keksbrösel in den Gläsern verteilen und mit einem Teelöffel leicht andrücken. ¾ der Mandeln gleichmäßig daraufgeben.

4. Für den Teig Eiweiß mit Salz in einer fettfreien Rührschüssel mit einem Mixer (Rührstäbe) auf höchster Stufe sehr steif schlagen. Eigelb zusammen mit Zucker in einer zweiten Rührschüssel mit dem Mixer (Rührstäbe) cremig aufschlagen. Die Erdnussbutter in einem kleinen Topf zerlassen und kurz abkühlen lassen. Die lauwarme Butter unter ständigem Rühren langsam zur Eigelbmasse gießen. Das Mehl mit den Mandeln mischen und in zwei Portionen auf niedrigster Stufe unterrühren, bis ein glatter Teig entstanden ist. Anschließend mit einem Teigschaber über den Schüsselboden fahren. Die Milch in einem dünnen Strahl zum Teig hinzugießen und dabei mit einem Schneebesen langsam unterrühren. Zum Schluss den Eischnee in drei Portionen mit einem Schneebesen vorsichtig unterheben. Kleine Flocken aus Eischnee sind dabei erwünscht.

5. Den Teig in die Gläser füllen. Dabei darauf achten, dass gleichmäßig Eischnee und flüssiger Teig verteilt wird. Gläser auf einem Backblech in den vorgeheizten Backofen schieben. Die Desserts **etwa 23 Minuten backen.** Dann den Backofengrill einschalten und die Desserts **etwa 2 Minuten kurz überbacken,** bis die Oberfläche goldbraun ist.

6. Die Gläser auf einen Kuchenrost stellen und die Dessert-Kuchen etwa 1 Stunde abkühlen lassen. Dann die Gläser mindestens 1 Stunde in den Kühlschrank stellen und gleichzeitig mit Backpapier abdecken.

7. Für das Topping Zucker in einen Topf geben und so lange schmelzen lassen, bis er eine goldbraune Farbe angenommen hat, dann die Sahne hinzugießen, zum Kochen bringen und 3–5 Minuten unter Rühren bei schwacher Hitze kochen lassen. Restliche Mandeln untermischen. Auf jedes Dessert eine gut gekühlte Kugel Vanilleeis setzen und mit der Sauce übergießen.

🕐 Zubereitungszeit: 25 Minuten
Backzeit: etwa 25 Minuten
Abkühlzeit: mind. 1 Stunde

🍲 8 Gläser

Pro Glas:
E: 10 g, F: 24 g, Kh: 22 g, kcal: 353

BLAUSCHIMMEL-FEIGEN-ZAUBER

ZUM VORBEREITEN:
350 ml Milch (3,5 % Fett)
100 g Blauschimmelkäse
80 g getrocknete Feigen

FÜR DEN TEIG:
3 Eiweiß (Größe M)
½ gestr. TL Salz
3 Eigelb (Größe M)

3 EL flüssiger Honig
80 g Butter
40 g Weizenmehl
50 g gem. Haselnusskerne
2 TL klein geschnittener Thymian

FÜR DAS TOPPING:
4 frische Feigen
30 g Walnusskernhälften

einige Stängel Thymian
grob gem. Pfeffer

ZUSÄTZLICH:
8 ofenfeste Gläser
   (je etwa 160 ml Inhalt)
etwas zimmerwarme Butter
   für die Gläser

1. Den Backofen vorheizen.
Ober-/Unterhitze: etwa 150 °C
(Heißluft ist nicht geeignet)

2. Die Gläser innen dünn mit Butter ausstreichen. Zum Vorbereiten die Milch in einem Topf langsam erhitzen, den Käse in kleinen Stücken hinzugeben und unter Rühren schmelzen. Käsemilch abkühlen lassen. Feigen klein würfeln und in den vorbereiteten Gläsern verteilen.

3. Für den Teig Eiweiß mit Salz in einer fettfreien Rührschüssel mit einem Mixer (Rührstäbe) auf höchster Stufe sehr steif schlagen. Eigelb zusammen mit dem Honig in einer zweiten Rührschüssel mit dem Mixer (Rührstäbe) cremig aufschlagen.

4. Die Butter in einem kleinen Topf zerlassen und kurz abkühlen lassen. Die lauwarme Butter unter ständigem Rühren langsam zur Eigelbmasse gießen. Das Mehl mit den Haselnusskernen in zwei Portionen auf niedrigster Stufe unterrühren, bis ein glatter Teig entstanden ist. Thymian unterrühren. Anschließend mit einem Teigschaber über den Schüsselboden fahren. Danach die Käsemilch in einem dünnen Strahl zum Teig hinzugießen und mit einem Schneebesen langsam unterrühren.

5. Zum Schluss den Eischnee in drei Portionen mit dem Teigschaber vorsichtig unterheben. Kleine Flocken aus Eischnee sind dabei erwünscht.

6. Den Teig in die vorbereiteten Gläser füllen. Dabei darauf achten, dass überall gleichmäßig Eischnee und flüssiger Teig verteilt wird. Gläser auf einem Backblech in den vorgeheizten Backofen stellen. Die Dessert-Kuchen **etwa 23 Minuten backen.** Danach den Backofengrill einstellen und die Dessert-Kuchen **etwa 2 Minuten kurz überbacken,** bis die Oberfläche goldbraun ist.

7. Die Gläser vom Backblech nehmen und auf einen Kuchenrost stellen. Die Dessert-Kuchen etwa 1 Stunde abkühlen lassen.

8. Für das Topping die frischen Feigen evtl. abspülen, trocken tupfen und achteln. Walnusskerne grob hacken. Die Dessert-Kuchen vor dem Servieren mit Feigen, gehackten Walnusskernen und abgespülten, trocken getupften Thymianstängeln garnieren. Mit grobem Pfeffer bestreuen.

DIE GEHEIMNISSE
DES ZAUBERKUCHENS

Zauberkuchen sind ganz besondere Schichtkuchen. Ganz besonders lecker. Ganz besonders raffiniert. Sie sind verblüffend einfach, denn sie benötigen als Grundzutaten nur Butter, Zucker, Eier, Mehl und Milch. Durch die besondere Zubereitung bilden sie – wie von Zauberhand – einfach beim Backen im Ofen drei verschiedene Schichten aus: eine Puddingschicht, eine Cremeschicht und obendrauf einen fluffigen Biskuit. Diese Mischung aus drei verschiedenen Texturen sieht man, bei dunkleren Kuchen übrigens besser als bei hellen, aber vor allem schmeckt man sie!

EIN WIRKLICH WUNDERBARER NEUER TREND-KUCHEN!

Da die Kuchen einige Stunden Kühlzeit benötigen, eignen sie sich hervorragend für die Vorbereitung am Vortag. Dann einfach Topping bzw. Garnierung erst kurz vor dem Servieren zubereiten und auf den Kuchen geben. Ausnahme: Die Desserts im Glas schmecken auch lauwarm bzw. nur bei Zimmertemperatur abgekühlt sehr gut. Wichtig bei den Zauberkuchen: Nicht schummeln! Halten Sie sich genau an die Zubereitung, die Temperatur, die Zutatenangaben, Abkühl-/Kühlzeit usw. Bisweilen muss man ein wenig Gefühl für den Kuchen entwickeln, bis die Schichtung perfekt ist. Da die Grundzubereitung des Teiges jedoch immer gleich ist, bekommt man rasch Übung darin. Wissenswerte Details sowie Tipps und Tricks finden Sie in diesem Ratgeber.

KLASSISCH ODER KUNSTWERK?

Je nachdem, ob man die Kuchen nur mit Puderzucker bestäubt oder zusätzlich ein feines Topping dazugibt, ob man den Teig einfach im Glas backt und serviert oder sogar kleine Törtchen aussticht und dekoriert, ist der Kuchen für alle Gelegenheiten geeignet: Die Klassiker in diesem Buch sind ideal zum ersten Ausprobieren und für Back-Anfänger. Noch einfacher zuzubereiten und dazu auch noch schnell servierfertig sind die Dessert-Kuchen im Glas.
Oder soll es etwas Besonderes sein? Die raffinierten und die beschwipsten Kuchen und die feinen Törtchen sind kleine, dekorative Kunstwerke, fast schon wie vom Konditor. Aber eben selbstgemacht! Hier gilt: Je aufwendiger die Rezepte, desto besser ist es, wenn man schon ein wenig Übung im Umgang mit dem Zauberkuchen-Teig hat. Das gilt inbesondere für die Törtchen, die nicht in der Muffinform gebacken, sondern ausgestochen werden.

DIE ZUTATEN

Das Schönste am Zauberkuchen-Teig: alle Grund-Backzutaten sind oft schon im Vorratsschrank zu finden. Das heißt, Sie können jederzeit sofort losbacken, ohne größere Einkäufe. Wichtig ist: Alle Zutaten müssen zimmerwarm sein. Deshalb wird die Butter in den Rezepten zerlassen und lauwarm verarbeitet. Auch die Milch sollte lieber mäßig lauwarm sein als zu kalt. Und: Die Mengenangaben der Zutaten sind exakt und auch so gemeint. Beim Abwiegen geht es daher nicht ohne eine grammgenaue, also digitale Küchenwaage.

PFIFFIG PORTIONIEREN

Damit der Kuchen optimal portionierbar ist, sollte er im Kühlschrank gut durchgekühlt sein. Für das Schneiden eignet sich ein sehr scharfes Messer. Tipp: Messer vor dem Schneiden kurz in kaltes Wasser tauchen, abtropfen lassen bzw. so trocknen, dass es noch ein wenig feucht ist. Dann den Kuchen damit schneiden. Nach jedem Stück Messer säubern und wiederum in Wasser tauchen. Eine andere Möglichkeit ist die Verwendung eines Elektromessers. Generell sind alle Kuchen in der Mitte weicher als am Rand und die Torten lassen sich leichter portionieren. Für ein Kuchenbuffet oder wenn sehr exakt geschnitten werden soll, den Kuchen etwa 1 Stunde anfrieren und im angefrorenen Zustand schneiden bzw. dann die Törtchen ausstechen. Das Ausstechen von Törtchen gelingt am besten mit vergleichsweise dünnwandigen, scharfkantigeren Ausstechern.

TRICK: DER BACKOFEN-TEST

Die Backzeit der Zauberkuchen hängt auch von der richtigen Backofentemperatur ab: 150 °C bei Ober- und Unterhitze. So testen Sie, ob Ihr Backofen die Temperatur erreicht: Backofen vorheizen. Ein Backofenthermometer auf ein Backblech stellen (Einschubhöhe: Mitte). Nach etwa 10 Minuten die Anzeige mit der tatsächlich gemessenen Temperatur vergleichen. Sie sollte realistischerweise zwischen 150 °C und 160 °C liegen. Sonst eventuell die Temperatur anpassen.

DER TEIG: TIPPS ZU DEN GRUNDSCHRITTEN

Bei der Teigzubereitung kehren bestimmte Grundschritte immer wieder. Hier einige Tipps dazu:

Der erste wiederkehrende Grundschritt ist das **Steifschlagen des Eiweißes**. Das gelingt nur, wenn die Rührschüssel bzw. die Rührstäbe wirklich fettfrei sind. Eine einfache Faustregel ist: Das Eiweiß muss so steif sein, dass ein Messerschnitt sichtbar bleibt.

Ein nächster Grundschritt ist das **cremige Aufschlagen von Eigelb und Zucker**. Das dauert – je nach Mixer – schon einmal 3 bis 4 Minuten. Verwendet man feinsten Puderzucker, geht es schneller.

Für die folgenden Grundschritte gilt: Rühren Sie nicht zu lange, das verzeiht der Teig nicht. Weniger ist hier mehr! Das **Mehl** sollte in zwei Portionen nur kurz mit dem Mixer (Rührstäbe) auf niedrigster Stufe oder alternativ sogar mit dem Schneebesen untergerührt werden. Die **Milch** sollte mit Schneebesen nur kurz und vorsichtig untergerührt werden. Nicht kräftig schlagen, auch wenn der Teig durch die Milch sehr flüssig wird.

Der abschließende, stets wiederkehrende Grundschritt ist das **Unterheben des Eischnees** in drei Portionen. Das gelingt – wie in den Rezepten beschrieben – am besten mit einem Teigschaber. Da der Eischnee beim Backen die fluffige Biskuitschicht herbeizaubert, ist es wichtig, das kein glatter, gleichmäßiger Teig entsteht, wie man es von anderen Teigen eventuell gewohnt ist, sondern dass kleine Flöckchen sichtbar bleiben **Ⓐ**.

DAS EINFÜLLEN DES TEIGS

Der Teig ist sehr flüssig. Daher sollte er behutsam in die Form gegossen werden **Ⓑ**. Wird der Kuchen mit Früchten oder Kernen etc. zubereitet, die zuvor in die Backform gestreut werden, gießt man Teig am besten über einem Teigschaber in die Form. Das verhindert, dass die Früchte oder Kerne durch den flüssigen Teig aufgeschwemmt und z.B. in die Ecken verschoben werden. Tipp: Für das Befüllen der Muffinform ist eine Schöpfkelle ideal. Wenn Sie Silikonformen verwenden, stellen sie die Form schon vor dem Befüllen auf das Backblech. Sonst wird das Umheben der flexiblen Form leicht zur Wackelpartie.

TRICK ZUR GARPROBE

Die Oberfläche des Kuchens sollte nach dem Backen goldbraun sein **Ⓒ**. Generell ist der Kuchen am Rand fester und wird zur Mitte hin weicher. Machen Sie eine Garprobe 10 Minuten vor Ende der Backzeit. Dafür etwas an die Form stupsen und mit den Fingerspitzen zart auf die Kuchenmitte klopfen oder tupfen: Sollte der Kuchen noch sehr schwingen und wackelpuddingartig sein, dann weitere 5 Minuten backen. Erneut testen und gegebenenfalls weitere 5 Minuten backen usw. Im Zweifel lieber 5 Minuten länger backen als zu kurz.

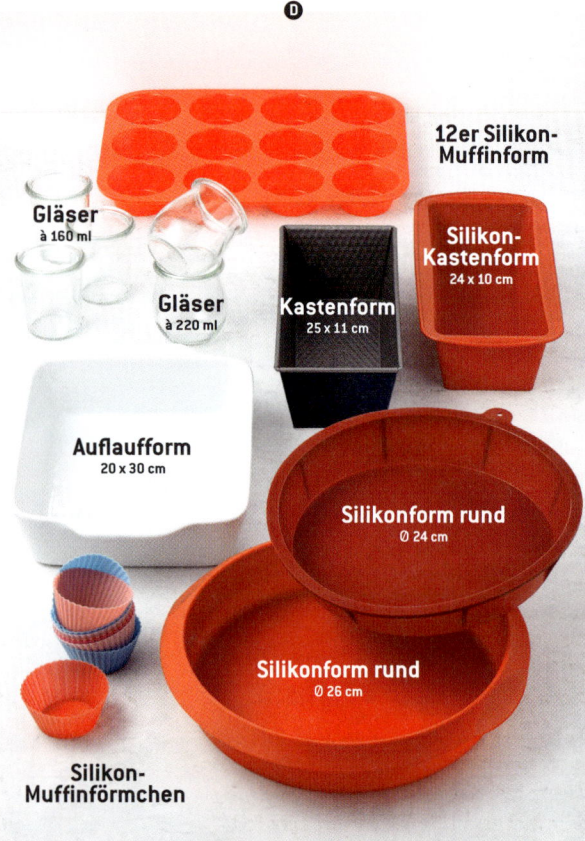

Gläser
à 160 ml

Gläser
à 220 ml

12er Silikon-
Muffinform

Silikon-
Kastenform
24 x 10 cm

Kastenform
25 x 11 cm

Auflaufform
20 x 30 cm

Silikonform rund
Ø 24 cm

Silikonform rund
Ø 26 cm

Silikon-
Muffinförmchen

DIE BACKFORMEN

Alle Rezepte sind in den genannten gängigen und leicht
erhältlichen Backformen ausprobiert **D**. Am besten
lassen sie sich – je nach Rezept - mit etwas zerlassener
Butter oder Speiseöl und einem Backpinsel fetten. Die
verwendete Auflaufform sollte aus Steingut/Keramik
sein. Je nach Dicke kann die Backzeit hier um 5-10 Minuten variieren. Eine kleine Faustregel, falls Sie unsicher
sind, ob Ihre Auflaufform geeignet ist: Bei Rezepten, die
in der Zutatenliste 3-4 Eier enthalten, sollte die Form 1,4
bis 1,5 Liter Fassungsvermögen haben. Bei Rezepten mit
5 Eiern sollten es 1,6 Liter sein.

Für die Desserts sind Einmachgläser gut geeignet. Die
kleinen, geraden Gläser finden Sie unter dem Stichwort
„Sturzgläser", die größeren heißen „Tulpenglas". Inbesondere für die Törtchen sind Silikon-Formen ideal, da
sie sich dann sehr leicht aus der Form lösen lassen. Sie
können aber auch eine normale Muffinform mit An-
tihaft-Beschichtung verwenden und dazu Muffin-Papier-
backförmchen in die Mulden setzen. Dann darauf achten,
dass eine feste Papierqualität verwendet wird und die
Förmchen groß genug sind, also mit den Mulden mindestens bündig abschließen. Papierbackförmchen dann
zum Servieren nicht entfernen. Übrigens: Springformen
eignen sich für die Torten nicht, da der Teig zu flüssig ist.
Er läuft dann heraus.

TRICK ZUM LÖSEN AUS DER FORM

Der Kuchen ist weich und fluffig und bricht leicht, daher
den Kuchen nach der Kühlzeit vorsichtig aus der Form
lösen bzw. heben. Ein Trick zum Ausprobieren: Man
kann den Kuchen ganz vorsichtig stürzen: Dafür zuerst
ein tiefes Backblech etwa 1 cm hoch mit warmen Wasser
befüllen. Die gekühlte Form kurz ins Wasserbad tauchen
(darauf achten, dass kein Wasser an den Kuchen ge-
langt!). Dann eine Lage Backpapier oder Klarsichtfolie
auf den Kuchen legen, darüber eine Kuchenplatte oder
Tortenplatte legen, den Kuchen umdrehen und so auf die
Platte stürzen. Backpapier vorsichtig von der Kuchen-
unterseite entfernen. Eine zweite Kuchenplatte oder
Tortenplatte auf den Kuchenboden legen und wieder
zurückstürzen. Sofort Backpapier bzw. Folie abziehen,
damit kein Biskuit anhaftet.

AUSPROBIEREN & SERVIEREN

Zauberkuchen machen besonders viel Freude, wenn man
Spaß am spielerischen Ausprobieren hat. Für das erste
Backen eignen sich einfache Rezepte (z.B. das Titelrezept
oder der Zitronenkuchen). Ist der Grundteig vertraut,
kann man die Toppings nach Belieben variieren oder
sogar eigene Toppings kreieren. Wem das Portionieren
zu aufwendig ist: Nicht nur die Desserts im Glas, auch
andere Kuchen (z.B. der Double-Choc-Kuchen) eignen
sich prima zum Servieren als Dessert bzw. Naschen
direkt aus der Form. Einfach mal Ausprobieren! Und wer
nicht extra Törtchen ausstechen mag, der schneidet diese
speziellen Kuchen einfach wie gewohnt in 5 x 5 cm große
Quadrate.

REGISTER

KLASSISCH

Magic Himbeer-Kuchen	4
Zitronenkuchen	6
Mandarinen-Frischkäse-Torte	8
Schokoladen-Traum	10
Vanille-Zauberkuchen (Titelrezept)	12
Espresso-Zauberkuchen	14
Kokos-Chips-Zauberkuchen	16
Karamellkuchen	18
Aprikosen-Schmand-Zauber	20

RAFFINIERT

Ingwer-Zitronengras-Kuchen	22
Kirsch-Vanille-Torte	24
Möhren-Haselnuss-Zauberkuchen	26
Mohn-Zauberkuchen	28
Double-Choc-Kuchen	30
Rote-Grütze-Zauberkuchen	32
Key-Lime-Kuchen mit Baiser	34
Erdnuss-Crunch-Brownies	36
Sanddorn-Chia-Kuchen	38
Pistazien-Gojibeeren-Zauberkuchen	40

BESCHWIPST

Rum-Trauben-Nusskuchen	42
Limoncello-Lemonkuchen	44
Eierlikör-Schoko-Zauber	46
Caipirinha-Zauberkuchen	48
Mandel-Likör-Zauberkuchen	50
Bratapfel-Zimt-Kuchen	52

MINITÖRTCHEN

Punsch-Preiselbeer-Törtchen	54
Marzipan-Amaretto-Törtchen	56
Neapolitano-Törtchen	58
Schwarzwälder-Kirsch-Törtchen	60
Zitrone-Blaubeer-Minis	62
Schoko-Birnen-Törtchen	64
Erdnuss-Schoko-Törtchen	66

DESSERT IM GLAS

New-York-Cheesecake-Dessert	68
Vanille-Apfel-Zauber mit Calvados	70
Panna Cotta mit Johannisbeeren	72
Magic Pfirsich Melba	74
Orangen Magic mit Kardamom	76
Magic Crème brûlée	78
Salted-Nut-Karamell-Dessert	80
Blauschimmel-Feigen-Zauber	82

RATGEBER

Die Geheimnisse des Zauberkuchens	84

Für Fragen, Vorschläge oder Anregungen stehen Ihnen
der Verbraucherservice der Dr. Oetker Versuchsküche,
Telefon 00 800 / 71 72 73 74, Mo–Fr 8:00–18:00 Uhr
sowie Sa 9:00–15:00 Uhr zur Verfügung.

© 2017 ZS Verlag GmbH
Kaiserstraße 14 b
D-80801 München

ISBN: 978-3-7670-1747-4
1. Auflage 2017

Projektleitung: Birgitt Filatzek
Redaktion: Annette Riesenberg
Rezeptentwicklung: Alexandra Böhme, Hamburg
Katharina Karpenkiel, Kiel
Christa Schmedes, München
Lektorat: Redaktionsbüro Sieck, Neumünster

Coverfoto und Foodfotografie:
Ulrike Holsten, Hamburg
außer: Katharina Karpenkiel, Kiel (S. 66)
Digital-Assistenz: Franziska Evers
Foodstyling: Alexandra Böhme, Hamburg
Foodystyling-Assistenz: Sadiah Salleh

Grafische Gestaltung: seidl-design, Stuttgart
Lithografie: Jan Russok
Satz und Layout: Büro 18, Friedberg/Bayern
Herstellung: Frank Jansen
Druck und Bindung: aprinta druck, Wemding

Die Bücher und E-Books unter der Marke Dr. Oetker Verlag
erscheinen als Lizenz in der ZS Verlag GmbH.
www.oetker-verlag.de
www.facebook.de/Dr.OetkerVerlag

Die ZS Verlag GmbH ist ein Unternehmen
der Edel AG, Hamburg.
www.zsverlag.de
www.facebook.de/zs-verlag